W0470293

Joachim Winckelmann

Der Elf mit dem blauen Helm

Joachim Winckelmann

Der Elf mit dem blauen Helm

AUS DEM LEBEN DES GRAFEN VON SAINT GERMAIN

HEINRICH SCHWAB VERLAG
ARGENBÜHL-EGLOFSTAL

ISBN 3-7964-0115-5
3. Auflage 2001
© 1958 by Heinrich Schwab Verlag KG
Eglofstal 42, D-88260 Argenbühl
Druck: Offset Druckerei Pohland, Augsburg
Alle Rechte vorbehalten
Abdruck und jegliche Art der Wiedergabe, auch auszugsweise, nur mit Genehmigung des Verlags

Inhaltsverzeichnis

I. TEIL

II. TEIL

I. TEIL

Nächtlicher Besuch

Wenn der Schatten der Dominikanerkirche den alten Brunnen berührt, der mitten auf dem großen Marktplatz steht, ist für mich die Zeit gekommen, mit meiner Arbeit aufzuhören.

Die vielen Bücher, die sich auf meinem Schreibtisch angesammelt haben, müssen in die große Bibliothek eingereiht werden, zu deren Betreuer mich ihr Besitzer, der Fürst unseres kleinen Landes, bestimmt hat. Dann sind sie nicht mehr heimatlos; sie haben eine Nummer im großen Katalog, sind verzeichnet in einer umfangreichen Kartothek, und der Aufdruck des fürstlichen Stempels ist der Aufnahmeakt in die Gemeinschaft einer auserwählten Elite, zu der die kostbarsten und seltensten Werke gehören, die die Buchdruckerkunst seit ihrem Bestehen geschaffen hat.

Die ganze Sammlung ist in dem unteren Stockwerk eines großen Eckhauses untergebracht.

Ich bin dem Fürsten, der mir stets zugetan war, aufs tiefste dankbar für die Aufgabe, die er mir zuteilt, denn ich liebe meinen stillen Beruf. Das große Leben draußen in der Welt ist wie ein fernes Meer, dessen Brandung für mich, wie aus weiter Ferne kommend, kaum noch zu hören ist. Nur wenn ich gelegentlich im Auftrage des Fürsten eine Reise mache, um irgendein seltenes Buch sicher behütet heimzubringen, höre und sehe ich eine Welt, die der meinen so fern liegt und deren Anschauungen und Lebensstil mir so entgegengesetzt sind, dass ich mich nur mit Mühe in ihr zurechtfinde.

Jetzt neigt sich das 18. Jahrhundert seinem Ende zu. Wenig mehr als zwanzig Jahre werden vergehen und die Glocken aller Kirchen werden ein neues einläuten.

Einiges, was in der Welt geschieht, erfahre ich von Martin, dem einzigen, der mich oft besucht. Er ist Bruder in einem Kloster, das in der Nähe unseres Städtchens liegt. Seit Jahren sind wir eng miteinander befreundet, denn er hat wie ich eine große Leidenschaft zur Alchimie, jener alten „königlichen Kunst", mit der es heute rapide bergab geht, weil die Chemiker unserer Tage beginnen, die Welt von einer ganz anderen Seite zu sehen, als es die alten Alchimisten taten. Wir aber bemühen uns, an das uralte Wissen anzuknüpfen und den „Stein der Weisen" dort zu finden, wo ihn schon andere vor uns suchten und – fanden. Freilich auch in anderer Form und an anderer Stelle als diejenigen vermuten, die nicht in die tiefen Geheimnisse eingedrungen sind, die sich nur dem offenbaren, der aus den scheinbar verworrenen und absichtlich irreführenden Schriften den wahren Inhalt herauszulesen versteht und der die innere Bereitschaft besitzt, ohne die alles Tun vergeblich sein muss.

Ich stand am Fenster und blickte auf den Markt hinaus. Die Dämmerung breitete langsam ihre Schleier über die Stadt, sich von Minute zu Minute verdichtend. Unten am Ende des Marktes, dort, wo die Storchengasse einmündet, begann der Nachtwächter die ersten Laternen anzuzünden. Von der anderen Seite klapperte ein Wagen die Straße herauf. Kurz darauf hielt Bruder Martin mit seinem altertümlichen Gefährt vor dem Hause. Der Sitz, von dem aus er sein Pferd lenkte, das ebenso dunkelbraun war wie seine Kutte, war mit einem weit vorragenden Dach bedeckt und nach allen Seiten abgeschlossen.

Bruder Martin hatte vom Kloster den Auftrag, über Land zu fahren und Bauern und Städter bis in den Schwarzwald hinauf mit Medizin zu versorgen, die das Kloster weithin im Lande berühmt gemacht hatte. Diese köstlichen Getränke brauten die Mönche aus vielerlei Pflanzen, die sie in ihren Gärten zogen oder im weiten Wald suchten.

Um den Überbringer vor jedem Unbill des Wetters zu schützen und ihm auch bei Regen und Schnee seine weiten Fahrten zu ermöglichen, war dieser Wagen wohl schon vor vielen Jahren gebaut worden. Hinter dem Verdeck befand sich ein geräumiger Kasten mit seitlichen Türen. Oben auf ihm waren oft noch Kiepen und Körbe gebunden. Alles wurde von zwei riesigen und doch beinahe zierlich gebauten Rädern getragen und war so ausgeglichen, dass bei richtiger Belastung dem

Pferd das Ziehen so leicht wie möglich gemacht wurde.

Nachdem Martin den Wagen in den Hof kutschiert und sein Pferd dem Hauswart übergeben hatte, saßen wir vor dem großen Kamin im Wohnzimmer und ein heißer Punsch von Rotwein mit viel Zucker, einer Prise Zimt und einigen Nelken wärmte seine von der langen Fahrt ein wenig steif gewordenen Glieder auf.

Dann berichtete er wie stets von den kleinen Erlebnissen, die er auf seiner Fahrt gehabt hatte. Er sah die große und kleine Welt mit ihren erhabenen und lächerlichen Dingen durch die Brille einer alles verstehenden und verzeihenden Güte, und sein wundervoller Humor lockte ihm oft ein Lächeln ab, wo andere nur den griesgrämigen Ernst des Lebens sahen. Er besaß die köstliche Gabe, auf kleine Dinge zu achten, die andere, die die Welt stets mit ungeheurer Wichtigkeit betrachteten, überhaupt nicht sahen. Oft schilderte er drastisch seine Gespräche mit den vielen Bauern und Bäuerinnen, mit denen er zusammenkam und die ihm, den sie seit vielen Jahren kannten, lieber ihr Leid klagten als manchem Beichtvater. Oder er erzählte von der oft verblüffenden Schlauheit, ja Gerissenheit, mit der dieser Menschenschlag im ewigen Kampf mit der hohen Obrigkeit lag, deren Vorschriften sie mit oft genialer Schläue für ihre Zwecke umbogen oder zu umgehen verstanden.

Auch viele rührende Züge wusste er zu berichten und so verliefen die Abendstunden wieder wie stets im Fluge.

Unser Gespräch wendete sich den Dingen zu, die uns beide immer wieder von neuem bewegten, und wir sprachen über unser Lieblingsthema – die Alchimie, die königliche Kunst.

Wir hatten begonnen, Teile von zerstoßenen Pflanzen mit wenig Wasser, Weingeist, Essig und anderem bei Temperaturen zu destillieren, die weit unter dem Siedepunkt der betreffenden Flüssigkeiten lagen. Immer destillierte von dem wärmeren Teil etwas in die möglichst kalt gehaltene Vorlage hinüber. Nur dauerte der Prozess viel länger als wenn die Flüssigkeiten siedeten. Was sonst in wenigen Stunden geschah, erforderte hier viele Wochen. Aber die Substanzen wurden durch diesen Prozess sehr geschont, nichts durch das Kochen zerstört. Wunderbare Öle und Düfte gingen mit hinüber und sammelten sich allmählich auf der Oberfläche der Destillate in einer Menge, die weit größer war und von viel mannigfaltigerer Art und Zusammenstellung als bei dem brutalen Kochen.

Wurde dann der in der Retorte bleibende Rest verascht und dem Destillat zugetan, hatten wir die ganze „Quintessenz" der Pflanze wieder beisammen, und die so erhaltenen Flüssigkeiten, in der richtigen Weise dosiert und gemischt, hatten eine viel nachhaltigere Wirkung als die früher hergestellten.

Dieses Verfahren wurde nach unseren Angaben neben dem alten auch im Kloster mit größeren Mengen ausprobiert und man hätte dort gern der größeren Erfolge wegen die ganze Herstellung der

Medizin danach umgestellt, wenn der Prozess nicht so langwierig gewesen wäre.

In dem großen langen Keller, der die ganze Vorderseite des Hauses einnahm, rannen in zahlreichen nebeneinander aufgestellten Apparaturen Tag und Nacht Tropfen auf Tropfen der verschiedensten Substanzen ganz allmählich von den Retorten in die Vorlagen. Eine besondere Kühlung war nicht nötig, nur mussten die Öllämpchen rechtzeitig nachgefüllt werden, deren Hitze für diese Art der Destillation gerade die richtige war.

Plötzlich wurde unser Gespräch jäh unterbrochen. Durch die Stille der Nacht klang der Hufschlag eines galoppierenden Pferdes. In dieser Stunde und auch schon des schlechten Pflasters wegen eine ganz ungewohnte Erscheinung.

Wir eilten zum Fenster, öffneten es und beugten uns hinaus. Mit jäher Wendung bog ein Pferd auf den Markt, die Gestalt eines Reiters tragend. Das Tier stolperte, richtete sich aber schnell wieder auf und stand schnaubend und mit zitternden Schenkeln still. Es schien sein Letztes hergegeben zu haben. Der Reiter sprang herab, sah um sich und musste uns am Fenster bemerkt haben.

„Holla“, rief er hinauf mit starker, männlich schallender Stimme, der man aber doch die Anstrengung eines schnellen Rittes anhörte, „wenn Ihr ehrliche Christenmenschen seid und einem armen Teufel helfen wollt, macht das Tor auf und lasst mich schnell hinein, aber schnell, ehe es zu spät ist.“

Wir liefen sofort hinunter, öffneten das schwere Tor mit einiger Mühe, weil es in dem großen Torweg dunkel und die einzige Kerze, die wir ergriffen hatten, beim schnellen Treppablaufen verlöscht war, und ließen Pferd und Reiter ein.

„Schnell das Tor zu“, rief der Unbekannte und half selber mit.

„Habt Ihr ein wenig Essig oder besser noch einen halben Eimer davon, was aber wohl kaum möglich ist – verzeiht meine rasche Rede“, fuhr er fort und verbeugte sich leicht, „alles sollt Ihr sogleich erfahren, ich will nur versuchen, dem Tier zu helfen, das mir – zusammen mit Eurer Hilfe – jetzt das Leben gerettet hat.“

Er staunte, als ihm Martin einen ganzen Eimer voll verdünntem Essig aus dem Keller heraufbrachte.

„Woher diese Fülle? Das ist doch kaum möglich!“

„Aus unserem Laboratorium, Herr“, Martin sagte es mit leisem Schmunzeln.

Der Fremde richtete sich überrascht auf, um uns näher anzublicken, aber auf dem Hof war es zu dunkel, um Einzelheiten erkennen zu können.

Er erbat sich einen großen Lappen, begann das Pferd mit dem Essig einzureiben und dann tüchtig abzutrocknen. Dabei atmete er heftig, wohl infolge der überstandenen Anstrengung. Wir brachten das Tier noch zu Martins Braunem und betraten kurz darauf mein Zimmer.

Ein frohes Staunen huschte über das Gesicht des Fremden, als er uns jetzt sah.

„Ein edler Herr und ein Mönch? Dann wird sicher alles gut. Und nun müssen die Herren verzeihen, dass ich mich Ihnen erst jetzt vorstelle. Mein Name ist Graf Vermont."

Es entging mir nicht, dass er vor seinem Namen eine kleine Pause machte, winzig nur, vom Bruchteil einer Sekunde vielleicht. Leises Misstrauen wollte in mir aufsteigen, aber dann sah ich in sein Gesicht. Wäre es die richtige Bezeichnung für einen Mann, hätte man es schön nennen können. Seine Züge waren von großer Regelmäßigkeit, das Kinn ziemlich groß, energisch, die Nase gerade. Seltsam waren seine Augen. Sie strahlten eine ruhige Güte aus und sahen uns klar und offen an. Aber ebenso schienen sie der Ausdruck eines energischen Willens zu sein, der sich in jedem Fall durchzusetzen weiß, wenn es nötig erscheint. Das Merkwürdigste war, dass mir diese Augen sonderbar alt vorkamen im Verhältnis zu den regelmäßig glatten Zügen seines Gesichtes, so dass man sein Alter nicht abschätzen konnte.

Wir stellten uns ebenfalls vor und baten ihn, zuerst einmal ein wenig auszuruhen. Gern nahm er auch von dem schnell neu bereiteten Glühwein und dem Backwerk, das die vorsorgliche Hausverwaltersfrau stets auf den Tisch am Kamin stellte.

„Die Herren wollen bitte meinen seltsamen Aufzug entschuldigen, aber bei dem Ritt ging manches verloren."

Erst jetzt sahen wir, dass er gar keinen Rock trug, sondern in einer schwarzen Reithose und einem weißen faltigen Hemd mit weiten Ärmeln vor uns saß. Es kleidete sein dunkles Gesicht so gut, dass es uns tatsächlich gar nicht aufgefallen war.

„Was macht das“, sagte ich, „wenn wir Ihnen nur geholfen haben.“

„Das haben Sie beide wirklich getan, und wenn ich Ihnen die näheren Umstände erzähle, die mich auf so ungewöhnliche Art zu Ihnen geführt haben, werden Sie sehen, dass Sie Ihre Tat nicht zu bereuen brauchen. Wenn es in meiner Macht steht, werde ich alles in einer Weise vergelten, wie sie selten ein Mensch erfahren hat.“

Aus seinem Munde klangen diese Worte in keiner Weise überheblich und sie sollten sich später in viel größerem Maße bewahrheiten, als wir im Augenblick ahnten.

Hier wurde unser Gespräch unterbrochen. Abermals klangen die Hufe von Pferden auf der Straße.

Eine kleine Kavalkade ritt langsam auf den Markt; man hörte Reden und Debattieren, dann bewegte sie sich schräg hinüber zum „Goldenen Pelikan“.

Man hörte rufen. Es wurde an ein Tor geklopft. Endlich schien jemand zu kommen. Nach einigem Hin- und Herreden wurde das Tor geöffnet, die Reiter verschwanden und der Markt lag wieder ruhig in der Stille der tiefen Nacht.

Der Mond war über die Dächer gestiegen. Er war im letzten Viertel und sein Rund entstellt. Trübe blickte er durch den leichten Dunst. Uns fröstelte – wir traten zum Kamin zurück.

„Meine Verfolger", begann Graf Vermont nach einiger Zeit in die Stille hineinzusprechen, „wenig angenehm, sie in meiner Nähe zu wissen."

„Hier bei uns sind Sie sicher", nahm ich sein Wort auf, „ich glaube kaum, dass jemand Sie bemerkt hat, als Sie durch mein Tor schritten."

„Gebe der Himmel, dass es so ist."

„Und doch ist etwas zu bedenken", mischte sich Martin ein, „man wird sofort ermitteln, dass Sie die Stadt durch kein Tor wieder verlassen haben, sich also noch innerhalb der Mauern aufhalten müssen. Man wird morgen in der Frühe beginnen, Haus für Haus und Stall für Stall abzusuchen. Ein Mensch ist leicht zu verbergen, wenigstens für eine kurze Zeit, ein Pferd schon weniger. Aber das soll jetzt nicht unsere Sorge sein, wir haben bis morgen früh Zeit. Ich werde schon etwas finden, so dass der Herr nicht in Ungelegenheiten kommt."

Wir fragten den Grafen, ob er sich zurückziehen und mit meinem Fremdenzimmer vorlieb nehmen wolle, da er doch von dem Ritt stark ermüdet sein müsse.

„Gestatten Sie mir eine kleine Aufmunterung, die uns allen gut tun wird", erwiderte er und nahm aus einer kleinen Tasche ein kleines Büchschen. Es enthielt winzige, beim Schein der Kerze silbrig aussehende Kugeln. Je eine gab er in unsere Gläser und bat uns zu trinken.

„Eine harmlose Sache", er sagte es mit leisem Lächeln, „aber doch wirksam genug gegen jede körperliche Ermüdung."

Wenige Minuten nach dem Genuss rieselte eine behagliche Wärme durch unsere Körper, wir fühlten uns leicht und frisch wie nach langem Schlaf. Wer war dieser Mann? Woher hatte er ein Mittel von so außerordentlicher Wirkung? Wie er so ruhig und selbstsicher in dem Sessel saß und uns mit seinen großen und klaren Augen anblickte, machte er den Eindruck eines vollendeten Grandseigneurs, dem auch die ungewöhnlichsten Ereignisse nichts von seinem angeborenen Herrentum nehmen konnten.

Gern willigten wir ein, als der Graf uns fragte, ob er uns noch einen Bericht geben dürfe, der eine Erklärung für sein überraschendes und ungewöhnliches Erscheinen sein würde.

Der Graf erzählt

„Ich bin auf einer weiten Reise, die mich von Petersburg nach Paris führen soll“, begann der Graf seine Erzählung. „Im Auftrage des Königs von Frankreich war ich in geheimer Mission dort. Meine Verhandlungen waren von großem Erfolg, und voll Freude, dem König so gut geholfen zu haben, reiste ich teils mit Extrapost, teils zu Pferde, schnell, aber ohne mich übermäßig anzustrengen, zurück.

Unterwegs hatte ich dem König von Sachsen noch ein geheimes Schreiben des Zaren zu überbringen. Oder eigentlich von der Zarin. Sie ist die treibende Kraft dort. Ihre außerordentliche Intelligenz befähigt sie, die Staatsgeschäfte in großzügiger Weise zu führen. Ich konnte der erlauchten Frau bald nähertreten, ja, ich glaube, ihre aufrichtige Freundschaft erworben zu haben. Hat sie doch wie ich das gleiche Interesse an allen Geheimwissenschaften einschließlich der Nekromantie, Astrologie und Alchimie.

Sie werden sich vielleicht wundern, dass ich so offen von diesen Dingen spreche, aber manche kleine Anzeichen sagen mir, dass auch Sie, meine Herren, diesen Dingen nicht ganz fern stehen können."

Martin und ich sahen ihn überrascht an. In der Tat musste der Graf eine erstaunliche Menschenkenntnis und ein fast hellsichtiges Feingefühl besitzen, dass er uns so schnell und richtig einschätzte.

Wir bejahten also freimütig seine Vermutung. „Gewiss, verehrter Graf", sagte ich, „Sie haben recht, wir beide sind der Alchimie beflissen, besonders der Herstellung von Heilkräutern. Aber auch manche Nacht haben wir hier zusammengesessen und – ‚Freunde von drüben' haben sich eingefunden, die uns viel Schönes und Gutes sagten. Sie sehen, ich bin Ihnen gegenüber auch ganz offen. Sie erfahren damit etwas, das niemand in der Stadt weiß. Aber ich glaube, Ihrer Verschwiegenheit ebenso gewiss zu sein, wie Sie der unseren sein können."

Wir erhoben unsere Gläser, und bei ihrem Zusammenklang gab es einen hellen und klaren Ton. Dann fuhr der Graf fort:

„Ich erledigte nun meine Mission in Dresden und strebte weiter nach Westen. Da passierte mir folgendes. Ich musste in Zwickau, einer kleinen ärmlichen Stadt in Sachsen, übernachten. Der Wirt des alten Gasthauses, dem einzigen größeren im Ort, war ein alter mürrischer Mann. Er betrachtete mich lange prüfend und führte mich dann mit einer Kerze in der Hand eine alte Stiege hinauf. Hier wies er mir ein Zimmer an, das am Rande eines langen Korridors lag, an dem keine weiteren Türen zu bemerken waren, also einsam und völlig abgeschnitten von den anderen Räumen des Hauses. Das ganze Gebäude war übrigens viel größer und geräumiger als es von der Straße her den Anschein hatte.

Meine Frage, ob nicht ein Zimmer zur Straße hinaus frei sei, wurde zuerst geflissentlich überhört, dann brummelnd verneint. Dieses schien mir aber nicht gut glaublich. Es hätten dann sicher in dieser Abendstunde mehr Gäste unten in der Gaststube gesessen, in die ich von der Straße aus eingetreten war.

Bei näherer Betrachtung erschien das Zimmer gar nicht so unwohnlich. Das Bett war breit und groß und stand in einem Alkoven, der es von drei Seiten umgab. Ein schöner alter Schrank stand noch da und die sonst übliche Einrichtung der Gastzimmer.

Was mir nicht gefiel, war das vergitterte Fenster. Ich liebe es, in jeder Beziehung das Gefühl völliger persönlicher Freiheit zu haben. Ein vergittertes Fenster aber ist nicht geeignet, dieses Gefühl zu erhöhen.

Ich sagte nichts, denn ich war müde von der langen Reise. Trotzdem blieb ich noch einige Zeit bei einem gar nicht schlechten Abendmahl sitzen, schon um mir die Leute anzusehen, die etwa im Gasthaus wohnten. Aber die wenigen Gäste gingen bald einer nach dem anderen fort. Nur in einer Ecke spielten drei Kumpane Karten. Ihrer Kleidung nach schienen es Fuhrleute zu sein. Aber ihre Gesichter passten mir nicht dazu. Sie waren mir zu wenig verwittert und zerknittert, so wie es das rauhe Leben auf der Landstraße mit sich bringt.

Durch die Aufgabe, oft sehr wertvolle Dokumente mit mir zu führen, ist es mir im Laufe der Jahre zur fast schon mechanischen Gewohnheit geworden, auf alle Dinge um mich herum genau Acht zu geben und mir gerade die Menschen, mit denen ich scheinbar zufällig zusammentreffe, näher anzusehen. In besonderen Fällen genügen ein paar Tropfen eines Elixiers, das ich stets mit mir führe, um mich in einen Zustand besonderer Hellfühligkeit zu versetzen. Auge, Ohr und alle Sinne sind dann so geschärft, dass ich jede Schwingung fühle, die sich gegen mich richtet, so dass ich eine Gefahr rechtzeitig erkennen kann. An diesem Abend aber schöpfte ich keinerlei Verdacht. Saß ich doch weit von den großen Höfen mitten in

Deutschland in einer kleinen Provinzstadt. Hier gab es niemand, der mich kannte. Hier war ich wirklich ein Fremder für jedermann. Mochten die drei ruhig im Gasthaus schlafen. Mit mir hatten sie sicher nichts zu tun.

Eine große Müdigkeit überkam mich; die lange Reise war doch schließlich fühlbar. Meine Gedanken fingen an, ihre eigenen Wege zu gehen und im Geiste sah ich meine schöne kleine Wohnung in Paris, die mit allen Bequemlichkeiten ausgestattet war. Fast wäre ich dabei am Tisch eingeschlafen. So nahm ich die bereitgestellte Kerze und ging in mein Zimmer hinauf. Im Hinausgehen sah ich noch, dass der größte der drei, der auch ihr Führer zu sein schien, eine große Narbe über dem linken Auge trug. Sein Hut, den er aufbehalten hatte, hatte sich verschoben, so dass ich dieses Merkmal gut sehen konnte.

Wirklich, so müde war ich lange nicht gewesen. Ich legte meinen Rock ab und setzte mich in einen bequemen alten Stuhl, der in der Ecke stand. Ich hoffte, in einigen Minuten ruhigen Dasitzens die allzu große Müdigkeit überwunden zu haben.

Wie ich so ganz still dasaß und mit dem völligen Einschlafen kämpfte, bemächtigte sich meiner plötzlich ein seltsames Gefühl. Es war so fein und in seiner Art so leise, sich gleichsam wie mit Samtpfoten an mich herantastend, dass ich nicht einmal sagen kann, es sei ein Gedanke gewesen, der mir plötzlich gekommen war.

Ich kann es nur so beschreiben, dass ich plötzlich einen Gegensatz spürte zwischen mir und allem, was um mich herum war. Diese Spannung zwischen mir und der Umwelt aber war keine harmonische, sondern eine disharmonische. In mir regte sich etwas, ihr nachzugehen, um sie dadurch klarer zu erkennen. Sofort verstärkte sich dieser merkwürdige Zustand, und trotz meiner Müdigkeit, die mich bereits unmittelbar vor den Augenblick des Schlafens getragen hatte, durchzuckte mich heftig ein Gedanke! Vorsicht – hier ist etwas nicht in Ordnung.

Dieser Gedanke, dieses blitzartige Erkennen riss mich sogleich von der Pforte des Schlafes zurück.

„Sei wach – sei wach", hämmerte es in mir.

Einen Augenblick gelang es, wieder zu mir zu kommen, aber eine schier unüberwindliche Macht riss mich zurück und das Gefühl – schlafen, nur schlafen, es ist ja alles gleichgültig – drohte aufs neue meine Anstrengung umsonst zu machen.

Was war das nur? Ein solcher Zustand der Erschöpfung war mir doch völlig unbekannt. Schon im Hinüberdämmern fiel mir plötzlich das Elixier ein, das Sie vorhin gesehen und gekostet haben.

Mit äußerster Willensanstrengung und schon halb überwunden griff ich in meine Tasche. Mechanisch öffnete ich den Verschluss, und es gelang mir wirklich, noch sozusagen im allerletzten Augenblick, ein paar Kügelchen hinunterzuschlukken. Dann aber versank ich willenlos in die Tiefen des Schlafes.

Nur wenige Minuten konnten vergangen sein, als das Elixier seine Wirkung tat. Mir war, als stieg ich aus dem Dunkel eines tiefen Wassers an die Oberfläche. Was vordem dumpf und verworren in mir war, lag jetzt klar vor mir. Ich blieb zunächst ganz ruhig sitzen und atmete tief, weil so das Elixier am raschesten und gründlichsten wirkt. Dabei begann ich meine Lage zu überschauen. Merkwürdigerweise knüpften meine Gedanken zuerst an den Mann mit der Narbe an.

Plötzlich war mir bewusst, dass ich ihn schon einmal gesehen habe. Wo war das nur?

Das Bild einer kleinen Kneipe tauchte auf. Ich saß in der Ecke in der einfachen Tracht eines Handwerkers, der sich nach getaner Arbeit abends noch ein Gläschen leistet und dabei einzuschlafen droht. Der Tisch war ziemlich besetzt, und das Gemurmel der Unterhaltung drang fast eintönig zu mir herüber. Nicht weit von mir saßen drei Männer und spielten Karten. Jetzt wusste ich: Das war ja erst vor einigen Tagen in Dresden gewesen.

In jeder großen Stadt habe ich Vertrauensleute, die mich stets mit einigen unauffälligen Kleidungen ausstatten, wenn ich nachts in der Stadt herumstreifen will. Das ist eine alte Gewohnheit von mir. Ich tue das nicht so sehr, um Land und Leute kennenzulernen, es geschieht sozusagen beruflich. Denn bei diesen nächtlichen Wanderungen sehe und höre ich manches, das mir sonst verborgen bleiben würde. Wer schwatzt nicht gern bei einem guten Trunke mit einem harmlosen

Fremden, der nirgends Bescheid weiß und dem gegenüber man gern einmal den Wissenden spielt, der mit hineingezogen ist in das Spiel der Großen, sei es als Botengänger oder vielleicht sogar zu anderen, gefährlicheren Dingen.

Wie manchen Hieb konnte ich schon erfolgreich parieren, weil ich die Klinge meines Wissens sozusagen auf diesen Nachtfahrten vorher schleifen konnte.

Meine Aufmerksamkeit war damals besonders dadurch erregt worden, dass die drei nicht immer Deutsch, sondern zwei von ihnen zweifellos auch französisch sprachen und das ganz ungeniert und laut, weil sie sich ja hier vor irgendeinem Mithörer sicher fühlten. Der eine von diesen beiden war der Mann mit der Narbe.

Was hatte der jetzt hier zu suchen in diesem verlassenen Städtchen? Hing sein Hiersein doch mit mir zusammen?

Gewiss, so musste es sein. Es gab kaum eine andere Möglichkeit. Und wenn dem so war? Was wollte er dann von mir? Gutes bestimmt nicht. Ein mir nachgesandter Bote des Königs oder eines Freundes etwa hätte sich mir sofort zu erkennen gegeben.

Hatte es da wieder jemand auf meine geheimen Dokumente abgesehen? Das war natürlich leicht möglich. Es war bekannt, dass ich nicht nur zum Vergnügen die Höfe der verschiedenen Länder besuchte. Und mancher Dritte hätte sicher gern gelegentlich gewusst, was ich in meiner Ledertasche bei mir trug, wenn ich von einer Residenz zur anderen reiste.

Die Staatsführung aller Zeit hat sich niemals gescheut, für ihre eigenen Zwecke Mittel anzuwenden, für die sie ihre Bürger bei gleichem Gebrauche zu köpfen pflegte.

Warum sollte nicht der Mann mit der Narbe mir nachgesandt sein, um irgendwo unterwegs, wo es weniger auffiel als in der Residenz und weniger Lärm schlug, sich in den Besitz meiner Dokumente zu bringen. Auch drastischere Mittel konnte man hier in einem einsamen Gasthaus, wenn es nötig war, viel leichter anwenden als in der großen Stadt.

Alles, was ich Ihnen hier etwas ausführlicher erzähle, damit Sie meine Situation recht verstehen, durchdachte ich damals in wenigen Augenblicken.

Waren meine Gedanken richtig, wurde es höchste Zeit, zu handeln und Gegenmaßnahmen zu treffen. Völlig wach und im Besitz gesteigerter Kräfte durch das Elixier sprang ich auf und begann, mir das Zimmer noch einmal anzusehen.

Die dicken Stäbe am Fenster waren gut und fest in die Mauer eingelassen. Ich durchsuchte die Tür. Durch zwei schwere Riegel konnte sie von innen gesichert werden. Gegen jedes unerwünschte Eindringen durch Fenster und Tür war man also hinreichend geschützt. Aber gerade das bestärkte den in mir aufgetauchten Gedanken, dass alles nur eine Finte war, um den Gast in Sicherheit zu wiegen. Gab es vielleicht noch einen verborgenen „dritten“ Zugang? Wo sollte dieser sich befinden? Meine Blicke wanderten umher und suchten die Wände ab, aber keine noch so leise Andeutung einer verborgenen Tür war zu finden.

Der große alte Schrank! Er war völlig leer und recht geräumig. Vertraut mit den Schlichen alter Baumeister, verborgene Zugänge zu schaffen, machte ich mich an eine gründliche Untersuchung. Sehr verdächtig war schon, dass man ihn trotz größter Kraftanstrengung auch nicht das kleinste Stück verrücken konnte. Er musste also irgendwie mit Klammern festgehalten sein. Sorgfältig prüfte ich die Hinterwand. Die Tiefe des Schrankes war so groß, dass er ein ganzes Stück in die Mauer hineinragte. Aber seine hintere Wand war wie die aller Schränke. Keine besondere Fuge, kein Scharnier oder ähnliches war zu entdecken. Der matte Schein der Kerze machte eine genaue Untersuchung besonders schwierig. An jede Ecke und Kante drückte ich und fühlte jeden Winkel besonders ab. Schon wollte ich meine Bemühungen aufgeben, als ich rechts oben in der hintersten Ecke einen Knopf entdeckte. Als ich auf ihn drückte, begann im gleichen Augenblick der mittlere Teil der Hinterwand sich geräuschlos zu heben und nach oben zu verschwinden. Eine schmale Öffnung wurde frei, immerhin groß genug, um einen Menschen durchzulassen. Mit der Kerze leuchtete ich ins Dunkle. Die Mauer musste wohl recht dick sein. Eine schmale Wendeltreppe führte hinab, sich in der Finsternis verlierend.

Das also war der geheime Zugang! Ich wusste genug. Die Hinterwand ließ sich ohne Mühe wieder herunterziehen. Sicher war sie an einem Gegengewicht aufgehängt, das sich unsichtbar in der Mauer bewegte.

Ich musste doch ein wenig schmunzeln. Es war eine saubere und fachmännische Arbeit. Nun, da ich wusste, aus welcher Richtung man kommen musste, wenn man wirklich derartige Absichten hatte, würde es nicht schwer sein, den Angriff abzuwehren. So traf ich einige kleine Vorbereitungen. Ich setzte mich auf einen Stuhl neben den Schrank, so dass mich seine geöffnete Tür verbergen musste, löschte die Kerze und wartete ruhig ab, was kommen würde.

Dank einer alten Schulung, die ich genossen hatte, konnte ich dabei ruhig in Schlummer verfallen. Beim leisesten Geräusch würde ich sofort aufwachen und hellwach sein.

Es mochten wohl zwei Stunden vergangen sein, als ich aufhorchte. Waren da nicht Stimmen? Ein leises Gemurmel stieg zu mir in der Wand empor. Wieder musste ich lächeln. Wenn solche Leute, schon dunkle Wege gehend, nur nicht oft so entsetzlich dumm wären, dann würden diejenigen, die sich jetzt da unten unterhielten, z.B. wissen, dass der lange Kanal der Wendeltreppe wie ein Schallrohr jeden Laut nach oben tragen musste. So aber wussten sie nichts und kündeten mir selber ihr Kommen an.

Das Gemurmel verstummte. Eine Weile geschah nichts. Dann knackte es ganz leise im

Schrank. Von unsichtbarer Hand bewegt, begann die Schranktür sich geräuschlos und langsam zu öffnen. Zuerst nur ein wenig, dann mehr und mehr. Der dahinter Stehende konnte so fast das ganze Zimmer und das dem Schranke gegenüberstehende Bett gut beobachten, während die Tür mich völlig verdeckte.

Eine Gestalt trat aus dem Schrank und bewegte sich auf das Bett zu. Sie schien sich überzeugen zu wollen, ob ich wirklich schlief.

Der richtige Augenblick war für mich gekommen. Unhörbar schraubte ich eine kleine etwa spannenlange Hülse auf und zog eine feine Nadel an einem Griff hervor. Sie war von außerordentlicher Feinheit, viel feiner als die feinsten Nadeln, die unsere Frauen zum Nähen gebrauchen. Trotzdem besaß sie eine überraschende Elastizität und Festigkeit. Es war möglich, sie zu einem Ringe zusammenzubiegen, ohne dass sie brach. Man konnte sie ohne Schaden bis zum Heft in ein Eichenbrett stoßen. Sie war ein Geschenk eines chinesischen Arztes. Im Behälter tauchte sie in eine klebrige Flüssigkeit, von der stets eine winzige Spur an ihr hängen blieb, wenn man sie herauszog.

Mit einem Schritt stand ich hinter der Gestalt und stieß ihr die Nadel in den Nacken. Keine Bewegung zeigte an, dass der Mann den Stich auch nur im geringsten gespürt hatte. Ebenso schnell trat ich zurück.

‚Halt, mein Freund', rief ich laut, ‚keinen Schritt, keine Bewegung, oder Sie sind ein toter Mann!'

Jetzt erst zuckte der Kerl zusammen, blieb aber wie versteinert stehen. Er musste einen gehörigen Schrecken bekommen haben.

‚Wie ist Ihnen?' fuhr ich fort, ‚fühlen Sie nichts? Schlottern Sie noch nicht vor Angst und Kälte? Wird Ihnen jetzt nicht siedeheiß? Möchten Sie sich nicht bewegen und können sich doch nicht vom Fleck rühren? – So, jetzt werde ich erst einmal eine Kerze anzünden – und nun kommen Sie zu mir herüber, wir setzen uns an den Tisch und plaudern ein wenig. Aber immer schön langsam – eins, zwei – eins, zwei – wie die Marionetten, die der Spieler an ihren Fäden zieht. Fallen Sie mir nur nicht um – so, hier ist ein Stuhl. Na – sehen Sie, jetzt wird Ihnen schon besser.'

Mit solchen oder ähnlichen Worten dirigierte ich den Kerl wirklich an den Tisch, an dem wir beide dann friedlich beim Schein einer Kerze saßen.

Ich will Sie, meine Herren, nun mit einer Erklärung dieser scheinbar so geheimnisvollen Überrumpelung nicht länger auf die Folter spannen. Ich hatte dem Mann eine regelrechte Injektion mit der Flüssigkeit gemacht, die an der Nadel haftete. Sie hat eine besondere, allerdings unheimliche Eigenschaft. Sie versetzt den Betreffenden in einen ganz seltsamen Zustand. Er wird zunächst vollkommen willenlos. Dann wird bei ihm alles sofort zur Wirklichkeit, was ihm derjenige einredet, dessen Stimme er zuerst nach der Injektion hört. Hätte ich ihm gesagt, er sei ein Schwein, wäre er grunzend auf allen Vieren herumgekrochen. Ebenso aber hätte ich ihn in eine bewegungslose Statue verwandeln können. Der Arzt, der mir dieses kostbare Geschenk gab, hat viele Jahrzehnte Versuche mit derartigen Elixieren gemacht. Sie bestanden aus einer besonderen Mischung aller möglichen Auszüge aus Kräutern, von denen die meisten wie Unkraut wuchsen. Allerdings sei die Bereitung eine besondere. Hierüber ließ er sich aber in keiner Weise aus.

Also – es war noch ein junger Mann, der im Scheine der beiden Kerzen vor mir saß, die ich, um ihn besser sehen zu können, angezündet hatte. Sein Gesicht war nicht hässlich und ohne grobe Züge. Sicher hatte er einmal bessere Tage gesehen. Wer weiß, was ihn auf diese falsche Bahn gelenkt hat. Eigentlich tat er mir leid in seiner ganzen Hilflosigkeit. Zwar war er sich im Augenblick infolge der Injektion und meiner Suggestionen seiner Lage noch nicht voll bewusst. Aber das konnte ich schnell ändern.

‚Weiß er, was ihm blüht', redete ich ihn an, ‚was mit ihm geschieht, wenn ich ihn morgen den Behörden ausliefere? Vielleicht schneidet man ihm die Nase und die Ohren ab oder foltert ihn ein wenig, damit er uns erzählt, wer seine Kumpane sind und was er eigentlich bei mir gewollt hat?'

Bei diesen Worten fiel mir etwas ein. Beinahe hätte ich jetzt selber einen Fehler gemacht. Diese Kumpane mussten ja unten auf ihn warten.

‚Jetzt gehe er mal schnell in den Schrank und rufe leise herunter, dass der Herr scheinbar noch nicht fest schliefe und dass sie da unten sich lieber trollen sollten, da er nicht wüsste, wie lange das noch dauern könne. Er käme schon nach.‘

Auch dieser Befehl wurde prompt ausgeführt.

Wir setzten uns wieder hin, und ich hatte nun Zeit, ihn ein wenig genauer auszufragen. So erfuhr ich, was ich schon vermutete. Er war von dem Manne mit der Narbe – dem Marquis, wie er ihn nannte – gedungen worden, mir nachzureisen, um mir bei passender Gelegenheit meine Dokumente zu entwenden. Dieses sollte so geschehen, dass alle Spuren so schnell wie möglich verwischt wurden, also nicht in Dresden, sondern auf meiner Reise, möglichst aber noch auf sächsischem Gebiet. Mich sollte man dabei unbedingt – vorläufig – ungeschoren lassen. Der Verlust so kostbarer Papiere würde mir ohnehin die völlige Ungnade meiner Auftraggeber zuziehen und ich wäre so besser unschädlich gemacht, als wenn mein spurloses Verschwinden noch wer weiß wie viele Spürhunde auf die Fährte setzen würde.

Der Marquis hatte alles recht geschickt eingefädelt. Der Wirt des Gasthauses in Zwickau war ihm von früher her bekannt, ebenso wie noch andere auf meiner Route, die ich wahrscheinlich einschlagen würde. Da ich nicht schnell reiste, war es leicht, mich zu überholen und alles vorzubereiten.

Ich fragte nach dem Auftraggeber, der hinter dem Ganzen stecken musste, aber hierüber schien der junge Mann nichts zu wissen. Auch die stärksten Suggestionen brachten nichts aus ihm heraus.

Wie fein musste doch das Spionagenetz sein, wenn man überhaupt wusste, dass gerade ich mit diesem wichtigen Dokument reiste, während gleichzeitig mehrere Kuriere recht offenbar und mit größerem Pomp den gleichen Weg machten, nur um die Spürnase anderer Mächte auf eine falsche Fährte zu locken.

Nachdem ich genug erfahren hatte, fragte ich den Burschen noch nach seinen persönlichen Verhältnissen. Er war der Sohn eines begüterten Bauern in Böhmen. Eine leichtsinnige Ader hatte ihn anvertrautes Geld vergeuden lassen, das er durch seinen Dienst beim Marquis in kurzer Zeit zurückerwerben wollte. Es gelang mir leicht, ihn völlig aus der Fassung zu bringen. Mit Tränen in den Augen bereute er bitter, was er getan hatte.

Die Summe, die er unterschlagen hatte, war nicht groß. Ich gab sie ihm und befahl ihm, nicht wieder zu seinen Kumpanen zurückzukehren, sondern auf schnellstem Wege die Stadt zu verlassen und nach Böhmen zurückzuwandern.

Nie sah ich einen glücklicheren Menschen als ihn. Ich wusste, dass alles, was ich ihm jetzt unter dem Einfluss des Elixiers sagte, besonders stark und nachhaltig auf ihn wirken musste.

Ich entließ ihn auf dem gleichen Wege, auf dem er gekommen war. Ich bin sicher, dass er seine Heimat unbehelligt erreicht hat und ein brauchbarer Mensch werden wird."

Hier machte der Graf eine kleine Pause. Wir waren natürlich über seine Erzählung aufs höchste überrascht. Auf unsere Bitte hin versprach er uns noch, später einiges über dieses Elixier und andere ähnliche zu erzählen. Dann fuhr er in seinem Bericht fort.

„Leider hat nun dieser Misserfolg nicht genügt, um den Marquis zur Aufgabe seines Auftrags zu bewegen. Im Gegenteil, seine Anstrengungen, sich in den Besitz der Dokumente zu bringen, wurden nun viel offener und unverhüllter. Sicher würde er von jetzt ab keine Schonung mehr gelten lassen, sondern alles daransetzen, um zum Ziele zu gelangen.

Aber auch ich war fest entschlossen, ihm gegenüber keine Mittel zu scheuen, diesen gefährlichen Menschen aus dem Weg zu räumen, sobald er mir wieder begegnen würde. Er schien das auch zu ahnen, denn vorläufig bekam ich ihn nicht zu sehen.

So reiste ich über Sachsen hinaus nach Anhalt und wandte mich dann südlicher, um in diese Gegend zu gelangen. Ich dachte schon, ihn abgeschüttelt zu haben. Leider war das nicht der Fall. Einmal führte er sogar einen frechen Einbruch durch, als er annehmen musste, ich sei nicht in meinem Zimmer. Der arme Teufel, den er vorschickte, musste seinen Versuch mit gebrochenen Knochen auf dem Hofe liegend, bezahlen.

Der Marquis schoss vom dunklen Hof aus auf mich, traf aber zum Glück daneben. Von jetzt an schien er entschlossen, alles auf eine Karte zu setzen. In den letzten Tagen verdoppelte er seine Anstrengungen. Er engagierte noch eine Anzahl von Leuten, die für ein paar Goldstücke alles taten, was er verlangte und auch nicht vor einem Mord zurückgeschreckt wären. Obwohl es mir persönlich gar nicht lag, wurde aus meiner Reise nun doch allmählich eine regelrechte Flucht.

Heute vor einigen Stunden gelang es ihm beinahe, mich auf offener Landstraße zu erwischen. Es ist wie ein Wunder, dass mich keine der mir zugedachten Kugeln traf und mein Pferd schneller war als seine abgetriebenen Mähren.

Nach einem wilden Galopp erreichte ich dieses Städtchen. In wenigen Minuten mussten mich meine Verfolger aber doch einholen, denn mein braves Pferd begann durch die übermäßige Anstrengung zu lahmen.

Was sollte ich tun? Weiterreisen war unmöglich. Die Stadtwache alarmieren würde einen tagelangen Aufenthalt und lange Verhandlungen bedeutet haben. Außerdem würde der Marquis alles leugnen, und ich konnte nichts beweisen. Alles dies noch erwägend, bog ich auf den Markt ein und klopfte an das erste Tor eines Privathauses, in der Hoffnung, Verständnis und damit Rettung zu finden.

Dass Ihnen dieses gelungen ist, meine Herren, werde ich Ihnen nie vergessen. Ich leere mein Glas auf das Wohl meines gütigen Retters und Gastgebers."

Mit vollendeter Geste trank er uns zu.

Die größte Überraschung des Abends stand uns noch bevor. Denn als wir den Grafen nach dem nächsten Ziele seiner Reise fragten, erzählte er zu unserem Erstaunen, dass er in diese Gegend gekommen sei, um quasi en passant den Fürsten von X zu besuchen.

Unseren Landesherrn und meinen väterlichen Freund!

Als ich ihm von diesem Verhältnis sprach und auch, dass ich hier der Verwalter der fürstlichen Bibliothek sei, war sein Erstaunen fast noch größer als das meine.

„Dann sind Sie ja der Herr“, rief er aus, „der mit mir nach Paris reisen soll.“

„Wie – ich nach Paris?“

„Jawohl – Fürst X sucht dort einige wertvolle Bücher. Sie sollen sie für ihn kaufen und unter sicherer Obhut hierher bringen. Im Vertrauen, der Fürst äußerte sich sehr lobend über Sie und hält große Stücke von Ihnen. Er schrieb mir, Sie lebten hier sehr vereinsamt und es täte Ihnen sicher gut, einmal aus der Luft der Bücher herauszukommen in eine frischere, in der es auch noch – Frauen gibt. Auch seien Sie ein gar zu eifriger Enthusiast für alles, was es außer den gewöhnlichen Dingen zwischen Himmel und Erde gäbe, und es wäre gut, wenn der Athanor in Ihrem Keller einmal für einige Zeit erlösche, so sehr er auch sonst mit Ihren Experimenten einverstanden sei. Er nannte in seinem Briefe keinen Namen, wie wir es ja für gewöhnlich zu tun pflegen, sonst hätte ich schon sogleich gewusst, wohin das Schicksal mich verschlagen hat.“

Was er sagte, war für mich eine Nachricht von allergrößter Bedeutung. Ich sollte meine Bibliothek, meine Bücher, mein Laboratorium verlassen, um jene Stadt zu sehen, von der ich schon so manches gelesen hatte!

Bei den Worten des Grafen durchrann mich ein Gefühl des Glücks, nicht, weil mir soviel Wunderbares bevorstand, sondern weil mein hoher Freund mich für würdig hielt, einen so verantwortungsvollen Auftrag für ihn auszuführen.

„Nun muss ich Sie, meine Herren“, sagte der Graf, „noch in einer kleinen Angelegenheit um Ihre Verzeihung bitten. Als ich mich vorhin unten auf dem Hofe vorstellte, nannte ich Ihnen einen Namen, der – *nicht* der meine ist. Sie werden diese Vorsichtsmaßregel jetzt wohl verstehen. Mein richtiger Name ist – Graf Saint Germain. So wenigstens bin ich jetzt überall bekannt.“

Das also war der berühmte Graf von Saint Germain, von dem ich schon so vieles gehört hatte! Manches darunter erschien kaum glaublich, obwohl Martin und ich sehr viel mehr Dinge auf Gebieten kannten, die sonst als Zauberei und purer Aberglaube verschrien waren.

Hier bot sich eine gute Gelegenheit, mit ihm noch über manches zu reden, was sonst unser wohlgehütetes Geheimnis war. Bald waren wir über ein tiefes Gespräch über Alchimie, Kabbala, Magie und andere geheimnisvolle Disziplinen vertieft und kamen auch auf die Beschwörung von Geistern und Dämonen.

Die alte Barbara

Bereitwillig gab uns der Graf mancherlei Aufschlüsse, die aus einem bestimmten Grunde für uns außerordentlich wertvoll waren. Mit großer Freimütigkeit erzählte er, wie er immer wieder im Leben bei Reich und Arm, bei Menschen in höchster Stellung, aber auch gerade bei Bauern und Handwerkern Personen angetroffen habe, die ganz eigenartige Fähigkeiten besäßen. Unter Zuhilfenahme magischer Manipulationen, Räucherungen, oft auch ohne alles dies, versänken jene Personen in einen eigenartigen Zustand, eine Art Tiefschlaf. Ihnen würden dann von den verschiedensten Geistern von Verstorbenen Kräfte entzogen, die die Geister benützen, um sich sichtbar zu machen. Unter günstigen Umständen konnten diese Geister dann sogar sprechen und allerlei Gegenstände, meist Blumen, auf eine unerklärliche Weise hervorzaubern und manches andere mehr.

Dieses fesselte uns aufs höchste, kannten wir doch manches davon aus eigener Erfahrung. Martin hatte eine Frau kennengelernt – die alte Barbara –, die auch diese seltsamen Eigenschaften besaß. Seit Jahren hatten wir viele Erlebnisse mit ihr, über die wir anderen gegenüber stets schwiegen. Dem Grafen konnten wir vollstes Vertrauen entgegenbringen. Er war sehr erstaunt und bat um einen ausführlichen Bericht, den wir gern gaben.

Die alte Barbara war ein Kräuterweiblein, das seit endlosen Jahren ringsum im Lande Heilkräuter sammelte. Daneben war sie berühmt wegen mancher seltsamer Heilung, die sie vorgenommen hatte. Martin entdeckte nun noch eine besondere Fähigkeit an ihr, von der niemand etwas wusste. Und das war gut so. Sonst wäre ihre Seele wohl schon von einem Scheiterhaufen zum Himmel geflogen. Sie konnte in einen seltsamen Zustand verfallen. Es war, als ob sie dann ganz fest schliefe. Aber in ihrer Nähe geschahen die rätselhaftesten Dinge. Gegenstände bewegten sich, die niemand berührte, oder kamen durch die Luft geflogen. Blumen fielen plötzlich von der Decke herab, taufrisch und wie soeben gepflückt.

Das seltsamste aber waren ganze Gestalten, die sich plötzlich vor unseren Augen bildeten. Zuerst waren sie immer formlos gewesen wie Nebel. Dann aber verdichteten sie sich und wurden zu Wesen, lebend wie wir, gehüllt in wundervolle weiße Gewänder oder auch in seltsame Trachten. Einige sprachen sogar zu uns. Sie erzählten, sie seien die Bewohner einer anderen Welt, aber hier hätten sie auch einmal gelebt. Allmählich verloren wir bald alle Scheu vor ihnen. Einige von ihnen wurden uns liebe Freunde, die uns viel Gutes und Schönes berichteten.

Die alte Barbara schlief dabei fest in einem großen Lehnstuhl am Kamin, stöhnte wohl manchmal ein wenig, war auch, wenn sie dann erwachte, etwas benommen; aber ein Glas Wein brachte sie schnell wieder zu sich. Sie hatte keine Vorstellung von dem, was inzwischen geschehen war, und begriff niemals, welches Vergnügen wir daran hatten, sie einzuladen, nur damit sie bei uns ein paar Stunden im Lehnstuhl schlief.

Unsere Abende fanden in dem kleinen Raum neben meinem großen Arbeitszimmer statt. Barbara saß dann dicht am Kamin, da sie besonders vor und am Anfang der Sitzung entsetzlich fror. Das aber war für uns das Zeichen, dass wir einen erfolgreichen Abend zu erwarten hatten. Dicht daneben saßen Martin und ich, so dass wir die andere Hälfte des Zimmers übersehen konnten. Dort hatten wir in der Nähe des Kamins einen großen dreiteiligen Schirm aufgestellt. Hinter ihm im Schutze größter Dunkelheit bildeten sich die Gestalten am leichtesten und traten voll ausgebildet hervor. Auf dem Kaminsitz standen einige Kerzen. Sie waren ringsherum mit großen durchsichtigen Schirmen bedeckt, die ein sehr mattes, rotes Licht ins Zimmer warfen. Hatten sich unsere Augen daran gewöhnt, konnten wir alles recht deutlich erkennen. Sehr oft beobachteten wir alle Erscheinungen bei vollem Licht der Kerzen, besonders solche, die in den Sitzungen regelmäßig wiederkehrten.

Wir wussten ja, dass man mit allerlei Beschwörungen und mancherlei magischen Mitteln gute und leider auch böse Bewohner der anderen Welt rufen konnte. Solche Versuche hatten wir niemals unternommen. Wenn wir bei alchimistischen Transmutationen den Beistand gütiger Engel und hilfsbereiter Naturgeister oder Astralwesen erbaten, war das niemals eine Beschwörung, um sie herbeizurufen, damit sie uns dienstbar seien – es war nur eine Bitte um ihre Hilfe.

Zuerst waren wir uns kaum klar, welche Rolle Barbara bei allem spielte. Dieses Weiblein, dessen wirkliches Alter gar nicht festzustellen war, lebte am äußersten Ende eines kleinen Dorfes dicht vor einem großen Walde. So lange sich alle Dörfler entsinnen konnten, hatte sie dort auf den Waldwiesen Kräuter gesammelt. Teils versorgte sie damit alle Apotheken bis weit herunter zum Bodensee, wobei ihr irgendein Urenkel behilflich war, teils aber braute sie selber heilsame Getränke daraus, die noch größeren Ruf hatten. Ihre „Barbara-Tropfen" galten beinahe schon als ein Lebens-Elixier, das in fast allen Fällen half.

Martin kannte sie schon viele Jahre. Er holte verschiedene Heilkräuter von ihr, die im Kloster zu Medizinen verarbeitet wurden. Trotz ihrer Verschlossenheit hatten sich die beiden im Laufe der Jahre gut angefreundet und Martin besuchte sie des öfteren. Sie offenbarte dabei allmählich eine Kenntnis in der Kräuterkunde, die ihn aufs höchste erstaunte, teils weil er wusste, dass ähnliches nur in ganz seltenen Büchern stand, die ihr sicher unbekannt waren, teils aber auch, weil sie ganz neue verblüffende Anschauungen über manches besaß. Sie erzählte ihm vieles über Naturgeister und andere Wesen und das in einer Art, als verkehre sie mit den Bewohnern anderer Welten ebenso freundschaftlich wie mit ihm.

Schließlich brachte er sie so weit, ihm zu gestatten, einmal dabei zu sein, wenn ein solches Wesen sie besuchte. Sie räucherte dann in ihrem kleinen Zimmer mit einem entsetzlichen Zeug, das ihr aber äußerstes Wohlgefallen zu bereiten schien, während es bei Martin zu einem fürchterlichen Hustenanfall führte. Darauf – so berichtete Martin – sei sie dann in ihrem Lehnstuhl in Schlaf verfallen und habe kaum atmend dagelegen. Nach einiger Zeit habe sich dann, deutlich zu sehen im Schein des Vollmondes, der durch das offene Fenster schien, in einer Ecke des Zimmers ein grünlicher Nebel gebildet, dem ein liebliches Wesen entstiegen sei, das ihm freundlich zugenickt habe. Darauf habe die Barbara zu murmeln begonnen und die beiden hätten sich anscheinend eine Zeit lang gut unterhalten. Ebenso sei die Erscheinung wieder im Nebel verschwunden.

Wieder erwacht, habe ihm Barbara erzählt, dass sie von diesen und noch vielen anderen ähnlichen Wesen ihr Wissen empfinge. Schließlich habe sie ihm einen heiligen Eid abgenommen, keinem anderen außer mir davon zu erzählen. Auch für mich musste Martin Stillschweigen geloben.

Aber erst auf vieles Zureden war es uns dann gelungen, die Alte auch zu mir ins Haus zu bitten.

Anfänglich verliefen unsere Versuche mit ihr wenig erfolgreich. Keiner ihrer Waldgeister schien es zu wagen, sie hierher zu begleiten. Aber da wir nicht nachließen, stellten sich mit der Zeit allerhand andere Erscheinungen ein. Die alte Barbara schlief dabei fest und wusste nachher nichts – im Gegensatz zu ihren Erlebnissen in ihrer eigenen Hütte.

Zuerst begann es bei uns in den Wänden zu klopfen, dann bildeten sich kleine Lichterscheinungen, die allmählich zu leuchtenden Streifen heranwuchsen und im Zimmer hin- und herhuschten. Als diese sich vorzugsweise auf die dunkelste Ecke konzentrierten, stellten wir dort den Schirm auf.

Wir erschraken aber doch, als sich uns zum ersten Mal hinter dem Schirm hervor ganz deutlich ein Arm entgegenstreckte, der mit einem Tüchlein winkte.

An einem anderen Abend trat plötzlich eine vollkommen ausgebildete Erscheinung hinter dem Schirm hervor. Zwei Arme hoben mit wundervoller Grazie einen Schleier und unter ihm erblickten wir das Gesicht eines jungen Mädchens von außerordentlicher Schönheit. Ihre Züge hatten etwas Fremdländisches. Die Augen waren fast mandelförmig, das Kinn schön geschwungen, aber nicht rundlich, die Nase klein und gerade. Ihr dunkles Haar fiel an den Seiten dicht auf ihre Schultern.

Zuerst war sie unsicher und die Deutlichkeit ihrer Züge veränderte sich in jedem Augenblick. Sie schien mir etwas sagen zu wollen, aber wir hörten nichts.

Nie werden wir diesen Abend vergessen, so viele andere ihm auch folgten. In späteren Sitzungen wurde die Erscheinung immer deutlicher, bis sie wie ein menschliches Wesen war. Ja, sie sprach sogar mit uns, wenn auch nicht viel. Es wurde ihr scheinbar schwer, sich in unserer Sprache auszudrücken. Sie erzählte, sie habe in Ägypten gelebt. Es musste vor langer Zeit gewesen sein. Auch wir beide hätten dort mit einem dritten Freunde als Priester gelebt und waren sehr befreundet mit ihr, die als Waise in einem Tempel aufgezogen wurde.

Ihre Erscheinung blieb nicht die einzige; es bildeten sich immer neue. Viele kamen oft, einige selten oder nur einmal. Manche waren schwach ausgebildet, andere von lebenden Menschen kaum zu unterscheiden. Einzelne konnten uns mitteilen, wo und wann sie gelebt hatten, und es gelang uns gelegentlich, uns von der Richtigkeit ihrer Angaben zu überzeugen.

Das vollendetste Wesen jedoch blieb unsere Freundin aus dem alten Ägypten, die sich Nephentes nannte und uns oft die seltsamsten Gegenstände oder lebende Blumen brachte. Manchmal ließ sie sich von uns einen Krug geben, den sie graziös schulterte. Dann griff sie nach oben und überreichte uns die herrlichsten Rosen, während draußen die Welt tief im Schnee lag. Sie freute sich selbst am meisten, wenn sie uns immer aufs neue damit überraschte. Sie zeigte uns auch kleine wundervolle Götterbilder und Skarabäen, wie sie den Toten in Ägypten mitgegeben werden. Leider durften wir diese Dinge – mit ganz wenigen Ausnahmen – niemals behalten. Sie musste sie stets dorthin zurückbringen, wo sie sie hergeholt hatte.

Das alles und noch manches andere erzählten wir dem Grafen, der uns gespannt zuhörte. Als wir geendet hatten, nickte er: „Meine Herren, Sie wissen wahrscheinlich gar nicht, welch besondere Erlebnisse Sie gehabt haben. Nur ganz selten einmal findet man jemand wie in Ihrem Falle die alte Barbara. Personen, die mit so hervorragenden Kräften ausgerüstet sind, gibt es sicher nur wenige. Wer hat schon das Glück, sie zu finden und dann noch Zeit und Muße, sie allmählich so weit auszubilden, wie es hier geschehen ist. Ich würde mich glücklich preisen, einmal mit dieser Mittlerin zwischen hier und drüben einen Abend verleben zu dürfen, und bin Ihnen schon für Ihren Bericht außerordentlich dankbar."

Diesen Wunsch glaubten wir dem Grafen erfüllen zu können. Es war spät geworden. So gingen wir zur Ruhe. Morgen früh werde ich zum Stadtkommandanten gehen und den Marquis mit seinen Kumpanen, die ja sicher noch die Stadt durchsuchen würden, festnehmen lassen. Der Graf konnte dann ungehindert zum Fürsten reisen und ich würde ihn begleiten. Martin sollte zur alten Barbara gehen, um seine Überredungskunst an ihr zu versuchen, die der Graf noch durch einen kleinen Beutel unterstützte, in dem es recht verheißungsvoll klimperte.

Es geschah alles so, wie wir es verabredet hatten. Die ganze Bande – sie war auf sieben

Mann angewachsen – wurde festgenommen und über die Grenze abgeschoben, um unter sicherem Geleit nach Dresden zurücktransportiert zu werden.

Mit dem Fürsten, der über den Besuch des Grafen hocherfreut war, hatten wir eine längere Besprechung. Der Tag ging schnell dahin und am Abend saßen wir mit Martin und der alten Barbara wieder bei mir.

Diese Sitzung sollte eine der denkwürdigsten werden, die wir erlebten. Martin hatte sie über die Anwesenheit des Grafen aufgeklärt und sie war einverstanden.

Wir deckten wie immer die roten Schirme über die Kerzen, räucherten, setzten uns ruhig abwartend hin und sprachen leise miteinander, da wir aus Erfahrung wussten, dass eine solche Unterhaltung keineswegs hemmend, sondern sogar förderlich für das Kommende war.

Zuerst nahmen die Dinge den gleichen Verlauf, wie wir ihn kannten. Es entstanden allerlei Geräusche. Im Fußboden, in den Wänden ringsum begann es zu knacken, wie altes Holz es auch oft tut. Dann aber klopfte es rhythmisch an dem Schirm. Die schweren Vorhänge an den Fenstern bauschten sich auf. Sie blähten sich in das Zimmer hinein und sanken wieder zurück, wobei sich dieses seltsame Spiel öfter wiederholte. Lange helle leuchtende Streifen bildeten sich am Kamin und an dem Schirm, den sie gleichsam einrahmten. Helle Funken tanzten an der Decke und plötzlich sprühte ein Regen silbern leuchtender Sterne von oben herab bis weit über uns. Es war, als wollten die unsichtbaren Mächte ihre Kräfte und alle ihre Möglichkeiten zeigen.

Eine Weile geschah nichts – plötzlich bildete sich über dem Schirm eine leuchtende Wolke, wogte hin und her, verschwand aufs neue. Zuerst zögernd, dann kühner trat ein Wesen von menschlicher Größe hinter dem Schirm hervor. Es hob die Arme und seinen lichten Schleier – Nephentes stand wieder vor uns, so wie wir sie oft gesehen hatten. Sie schien zuerst unsicher und blickte schweigend auf den Grafen. Wir sprachen mit ihr, wie man mit einem lebenden Wesen spricht. Für uns war sie auch nichts anderes.

Weit vorgebeugt starrte der Graf sie an.

„Wunderbar – wunderbar“, flüsterten seine Lippen. Allmählich wurde unsere Freundin zutraulicher und blickte auch den Grafen freundlich an, der ihr wohl zu gefallen schien. Wir sagten ihr, dass heute durch seinen Besuch ein besonderer Tag für uns wäre und wir glücklich seien, dass auch er sie kennenlernen durfte. Ein echt weibliches schelmisches Lachen ertönte von ihren feinen Lippen. Dann versprach sie uns, ein Andenken holen zu wollen – sie trat hinter den Vorhang zurück und verschwand. Nach einigen Augenblicken war sie wieder da und überreichte jedem von uns einen kleinen, wunderbar ausgeführten ägyptischen Skarabäus. Er war ganz aus Gold, nur die Flügeldecken stammten vom echten Skarabäus her. Wir konnten zuerst gar nicht glauben, dass wir dieses Geschenk diesmal behalten durften, und dankten ihr herzlich dafür. Ich glaube, der Graf hätte ihr am liebsten einen Handkuss aus Dankbarkeit und Verehrung gegeben.

Dann wurde sie plötzlich unruhig. Sie blickte mehrfach nach der Seite zum Fenster hin. „Es ist dort etwas“, sagte sie leise, „das mir nicht gefällt. Es wird immer deutlicher. Ich möchte gehen. Ich glaube, es wäre besser, meine Freundin dort aufzuwecken.“

Aber es war zu spät. Nephentes verschwand fast plötzlich. Eine seltsame Musik ertönte. In ferne Trommelwirbel mischte sich eine aufreizende Melodie, auf- und abklingend, so als zögen singende Menschenhorden dort unten auf der Straße oder in weiter Ferne an uns vorbei.

Wilde Rufe und gellende Schreie mischten sich hinein und gaben einen unheimlichen Hintergrund zu dem, was jetzt geschah. Der Vorhang am Fenster bauschte sich plötzlich auf und hinter ihm hervor trat, mit einem Stelzfuß hart auf den Boden schlagend, die Gestalt eines alten Soldaten. Er war mit den Resten einer Uniform bekleidet, die wohl aus dem 30-jährigen Krieg zu stammen schien und schlotternd um ihn hing. Im Takte der Melodie dort draußen trat er auf uns zu, blieb stehen, lüftete den riesigen Hut, an dem eine große Feder halb zerbrochen herunterhing, schwenkte ihn seitlich und blickte den Grafen durchbohrend eine Weile stumm an.

Niemand, der jetzt eingetreten wäre, hätte je vermuten können, dass ein Wesen aus einer anderen Welt vor uns stand und das vergehen würde, so plötzlich es gekommen war.

Jetzt begann er leise mit krächzender Stimme die Melodie mitzusingen, die wie aus weiter Ferne kommend zu hören war.

Was sang er da? War das nicht französisch? „Allons enfants de la patrie – le jour – de gloire –."

Er stockte, besann sich, setzte wieder an, verlor den Faden, brach ab. „Kenn' ich nicht, das Lied haben wir niemals gesungen." Seine Stimme war entsetzlich rauh und doch nicht abstoßend, sondern klang fast ein wenig traurig. „Niemals gesungen – weder in Kurland noch in Hessen, weder in Holland noch in Spanien – ja, ja, ihr feinen Herren, ich bin weit herumgekommen."

„Meine untertänigsten Grüße, Kapitän", redete er plötzlich den Grafen an, „habt mir damals brav geholfen, als ich mit zerschmettertem Knie in der Schanze lag und nicht weiterkonnte. Habe das nicht vergessen. Bin deshalb hierhergekommen, um es heute zu vergelten.

Geben Sie gut Acht, Kapitän. Wenn sie das singen, ja, das da draußen, auf den Straßen von Paris, dann ist es für Sie Zeit und für Ihren Freund, die gastfreie Stadt zu verlassen. Könnten Ihnen beiden sonst den Kopf vor die Füße legen, wie sie es tun werden vom König an abwärts mit Tausenden. Hören Sie gut zu, damit Sie die Melodie nicht vergessen – Leben Sie wohl Kapitän."

Damit grüßte er wieder und war im Augenblick vor unseren Augen verschwunden. Auch die unheimliche Musik draußen war verstummt. Erschüttert von der ungewöhnlichen Lebenswahrheit dieser Erscheinung saßen wir stumm da.

„Es war bestimmt eine Warnung", sagte der Graf, „die der alte Soldat mir geben wollte. Schon einmal bin ich in ähnlicher Weise auf erschütternde Ereignisse aufmerksam gemacht worden, die sich gegen Ende des Jahrhunderts in Paris und ganz Frankreich abspielen werden. Vielleicht war ich mit dem alten Soldaten in einem früheren Leben zusammen oder ich habe ihm damals –." Er brach plötzlich ab, als habe er schon zu viel gesagt. „Ganz gleich, meine Freunde, wie dem auch sei, ich kann Ihnen gar nicht genug dankbar sein, und der schöne Schmuck Ihrer liebreizenden Freundin wird mich stets an diesen Abend erinnern."

Wieder blieben wir noch lange beisammen und der Graf gab uns manche Aufklärung über das Zustandekommen derartiger Erscheinungen. Immer wieder mussten wir über sein reiches Wissen und seine vielen persönlichen Erfahrungen auf allen möglichen Gebieten staunen.

Wirklich – *ein* Menschenleben konnte nicht ausreichen, um so viel Wissen in sich aufzuspeichern. Und ich verstand jetzt die Legende – wenn es wirklich eine solche war –, dass er ein Elixier besitzen müsse, das ihn immer wieder verjünge – ja unsterblich mache, so lange er es selbst wolle.

Der Elf mit dem blauen Helm

Auch von jenem sehr alten Buch erzählten wir dem Grafen, das uns besonders am Herzen lag. Sein Inhalt erschien uns weit weniger verschlüsselt als der vieler anderer, über den wir in nächtlichen Stunden heiße Köpfe bekommen hatten, ohne den darin verborgenen Sinn enträtseln zu können. Wie oft waren wir schon in helle Verzweiflung geraten, wenn der Autor des Buches dann am Ende des Buches mit spürbarem Hohne schrieb: „Es ist ein einfach Ding, von dem ich geschrieben habe und überall in der Natur zu finden, und es ist eine einfache Sache, es zu veredeln, man muss nur den Anfang wissen und den habe ich hier in aller Deutlichkeit gesagt."

Den Inhalt dieses Buches aber, das eigentlich nur ein kleines Heftchen war und ursprünglich in einem anderen dicken Folianten gelegen hatte, als solle dieser es mit seinen vielen Blättern vor allem äußerlichen Unbill schützen, erschien uns ganz klar und verständlich, nachdem wir den gar nicht so schwer zu findenden Schlüssel entdeckt zu haben glaubten, nach welchem die darin enthaltenen Rezepte gelesen werden mussten. Es beschäftigte sich fast ausschließlich mit der Herstellung besonders wirksamer Medikamente. Sie alle wurden aus einheimischen Pflanzen hergestellt, also auch hier aus etwas, das tatsächlich überall zu finden war. Nach spagyrischem Verfahren wurde bei relativ niedrigen Temperaturen den Pflanzen das entzogen, was das Wesentliche an ihnen war, ihre „Essenz". Durch weitere Bearbeitung wurde diese veredelt, in die dritte, vierte, ja fünfte „Potenz erhoben" und diese „Quinta Essentia" stellte dann eine Medizin dar, die von außerordentlicher Wirkung war.

Wir hatten bereits einige dieser Elixiere hergestellt und wo Martin Gelegenheit hatte, sie anzuwenden, war ihre Wirkung auch stets eine besonders große gewesen. Ja, sie kam oft einer Wunderheilung gleich, so schnell und gründlich trat in manchen Fällen die Genesung ein. Das Merkwürdige aber war, dass dieses von uns in den meisten Fällen angewandte Elixier einige Male völlig versagte, und zwar gerade dort, wo wir in anderen gleichen Fällen die besten Erfolge hatten. Daraus glaubten wir zu ersehen, dass auch das köstlichste Mittel nur wirksam ist, wenn es nach Gottes ewigem Ratschluss dem Ablauf allen Geschehens nicht zuwiderläuft und sozusagen nur das kleine Quentchen ist, das wir von uns aus auf die Waage des Schicksals legen dürfen.

In dem Heftchen stand noch etwas Besonderes, das wir bisher bei keinem Autor gelesen hatten. Während mancher „operationes", so schrieb der Verfasser, sei, besonders wenn alle Kerzen gelöscht seien, in der Nähe des Athanors ein seltsames Wesen erschienen. Es habe so ausgesehen, wie man sich einen Elf vorstellt. Es habe die Größe eines ungefähr acht- bis zehnjährigen Kindes gehabt und eine sehr zierliche schlanke Figur, die in ein enganliegendes, silbergraues Gewand gekleidet war. Auf dem Kopfe habe es eine eigenartig geformte Kappe getragen, gerade so geschwungen wie die Kelchblätter des Eisenhuts und von einer wunderschönen blauen Farbe. Tatsächlich sei dieser Elf auch nur erschienen, wenn mit dieser außerordentlich giftigen Pflanze laboriert wurde.

Dieses Wesen habe sich zuerst in der dunkelsten Ecke des Laboratoriums gebildet und dort aufgehalten. Je weniger Notiz von ihm genommen wurde, desto zutraulicher sei es geworden. Von dort aus habe es alle Vorgänge auf dem Athanor mit großer Aufmerksamkeit betrachtet. Ja, wenn man sich selber ein wenig zurückzog, sei es aus dem dunklen Winkel hervorgekommen, um den Herd gegangen und habe an der Destillationsvorlage gerochen, als wolle es sich überzeugen, ob alles richtig verliefe. Kurz, es habe sich auf ganz natürliche Weise benommen. Schließlich habe es den Schreiber und seinen Laboranten ruhig angeschaut, auch wohl mit dem Kopfe geschüttelt oder genickt, wie um Einverständnis oder Missbilligung auszudrücken, sei dann wieder in die Ecke gegangen und ebenso plötzlich verschwunden, wie es gekommen war.

Und nur mit der freundlichen Beihilfe dieses „Elfs mit dem blauen Helm“ sei gelungen, was sonst nie geglückt wäre, nämlich ein Elixier herzustellen, das sonst nie gekannte Eigenschaften besessen habe.

Durch eine kleine, geradezu reizende Pantomime habe der Elf ihn, als er einmal allein im Laboratorium war, aufgefordert, einen Tropfen des Elixiers in ein Glas Wasser zu schütten, von diesem wieder einen Tropfen in ein anderes Glas und dieses sei fünfmal zu wiederholen. Von dieser gar nicht mehr zu erfassenden Verdünnung habe er dann auf weiteres Geheiß einen Schluck getrunken. Irgendeine Wirkung habe er nicht verspürt. Aber als sein Laborant kurz darauf zurückgekehrt sei, habe er zu seinem großen Erstaunen und zuerst auch nicht geringen Erschrecken festgestellt, dass dieser ihn weder sehen noch hören konnte. Der Laborant habe ihn gerufen, seine Antwort jedoch nicht beachtet, sondern sei wieder hinausgelaufen, und das habe sich noch einige Male wiederholt. Der Elf habe dabei in der Ecke gestanden und sich sichtlich über sie beide lustig gemacht. Dann habe er mehrfach seine Hand mit ausgespreizten Fingern erhoben, um ihm irgendetwas anzudeuten. Tatsächlich habe die eigenartige Verzauberung auch nur etwa eine halbe Stunde gedauert und sei dann plötzlich vorbei gewesen, was dem Laboranten noch einmal einen tüchtigen Schrecken gekostet habe. Der Schreiber aber verstand es, durch allerlei Überredungen die Angelegenheit auf ganz natürliche Weise zu erklären, so dass er bis heute allein im Besitze des Geheimnisses geblieben wäre. Die kostbare Tinktur habe er noch einige Male in seinem späteren Leben benutzt und ihre erstaunliche Wirkung sei ungeschwächt geblieben.

Natürlich hatten auch wir versucht, das Wunderelixier herzustellen, aber vergebens. Der blaue

Fingerhut war sehr selten zu finden, und als wir endlich einige Pflanzen von der alten Barbara erhielten, die sie wer weiß wo gesammelt hatte, und sie verarbeiteten, mussten wir bald erkennen, dass alle Arbeit umsonst war. Der Verfasser hatte wohl über den Elf und die Pflanze geschrieben, für die Bereitung des Elixiers jedoch keine besonderen Angaben gemacht, wie er sie an anderen Stellen freimütig mitteilte. So hatten wir wenig Hoffnung, dass auch uns der „Elf mit dem blauen Helm“ erscheinen würde.

Der Graf hatte schweigend und aufmerksam zugehört.

„Haben Sie noch etwas von den Versuchen zurückbehalten, liebe Freunde?“

Wir konnten diese Frage bejahen. Wir pflegten niemals etwas leichtsinnig fortzugießen. Konnte es doch sein, dass wir, wie das öfter geschah, nach langer Zeit von ganz anderer Seite her etwas fanden, das uns weiterhalf.

„Dann geben Sie mir das Buch heute Abend mit. Es würde mir eine große Freude sein, wenn ich Ihnen mit meinen bescheidenen Kräften vielleicht helfen könnte. Ich werde – wenn es Ihnen recht ist – meine Abreise noch um einen Tag verschieben und könnte morgen Abend an Ihrem Athanor einige Versuche machen. Ich muss Ihnen ganz offen gestehen, dass dieser alte Bericht auch mich reizt, weil er so ganz etwas anderes enthält, als man sonst findet.“

Mit großer Freude stimmten wir diesem Vorschlag zu.

„Bitte vergessen Sie nicht, einen Tiegel mit Blei vorzubereiten“, sagte der Graf noch, als wir uns in später Abendstunde verabschiedeten.

„Ich habe das kleine Buch mit großem Interesse gelesen“, sagte der Graf, als wir am nächsten Abend am Athanor standen und beobachteten, wie das Blei im Tiegel langsam zu schmelzen begann. „Es enthält wirklich im Gegensatz zu vielen anderen eine Reihe besonders aufschlussreicher Dinge. Der Verfasser besaß in der Tat Kenntnisse, wie wir sie sonst kaum niedergelegt finden. Bis zu einem gewissen Grad hat er auch keinen Hehl aus seinem Wissen gemacht. Jeder, der sich nur einigermaßen auskennt, ist in der Lage, nach den dort gegebenen Anweisungen sehr wertvolle Arkana herzustellen. Als Heilmittel angewandt, werden sie bestimmt eine Wirkung haben, die weit über das hinausgeht, was man in Apotheken und Kräuterstuben gemeinhin angeboten bekommt, und“ – fügte er mit feinem Lächeln hinzu – „das ist allerdings nicht sehr viel. Den meisten Lesern aber wird es entgangen sein, dass alles, was der Autor ausführlich und klar berichtet, eigentlich nur der Rahmen ist für einige Angaben, die sich lose verstreut an verschiedenen Stellen finden und scheinbar ganz belanglos sind. Fügt man diese Sätze in der richtigen Reihenfolge zusammen, ergeben sie nichts weniger als eine ausführliche Anweisung, wie unter Zuhilfenahme des Eisenhutes jenes Elixier hergestellt werden kann, *das unsichtbar macht.* Ja, sie enthalten sogar eine Anrufung, mit deren Hilfe man den Elf herbeizitieren kann, um mit seinen Andeutungen dem Experimentierenden die richtigen Wege zu weisen.

Das alles lässt sich ohne größere Vorbereitungen nicht erreichen. Sie wissen selbst, wie groß der Einfluss der Planetenstellungen und manches andere bei derartigen Zitationen ist. Aber ein kleines Experiment können wir natürlich machen."

Bei diesen Worten hatte unser Gast dem kleinen Kolben, in dem sich Reste von unseren Versuchen befanden, etwa einen Löffel dickflüssiger Substanz genommen. Er goss sie auf eine kleine Schaufel, die er vorsichtig über eine freigemachte Feuerstelle hielt. Als die Schaufel so heiß war, dass aus der schnell eingetrockneten Substanz dunkle Dämpfe aufzusteigen begannen, schrieb er etwas auf einen kleinen Streifen Pergament, hielt diesen in den Rauch und warf ihn dann in das Feuer des Athanors, während er einige uns nicht verständliche Worte sprach. Die Schaufel legte er auf den Boden in die dunkelste Ecke des Laboratoriums nieder und bat uns, mit ihm so weit wie möglich vom Athanor fortzugehen und uns ruhig zu verhalten.

Alle Kerzen hatten wir gelöscht, nur das Feuer des Herdes leuchtete durch die eisernen Ringe und warf seinen flackernden Schein durch den Raum. Der Dampf des Rauches, der immer noch aus der Schaufel stieg, legte sich schwer auf unsere Lungen und nur mit Mühe konnte ich einen Husten unterdrücken. Auf den Rest der Substanz goss Martin auf des Grafen Geheiß ein wenig Essigsäure jener Art, wie sie die Alchimisten zu bereiten pflegen, und schüttete noch ein feines Pulver hinzu, das schnell durch feinstes Zerreiben eines nussgroßen Stückes Holzkohle hergestellt wurde. Der Kolben, mit einer kleinen Vorlage versehen, wurde auf eine warme Stelle des Athanors gestellt. Lange Zeit geschah nichts – oder vielleicht erschien es mir auch so, weil ich voller Erwartung war.

Plötzlich begann es im Kolben zu leuchten. Martin berührte mich leise und nickte zum Herde hin. Auch an einer kleinen Bewegung des Grafen konnte ich erkennen, dass er etwas bemerkte. Ein feiner, bläulich phosphoreszierender Dunst stieg im Kolben auf, höher und höher, hinein in die sich zuerst erweiternde Vorlage und hinunter durch ihren sich verengenden Hals in den kugelförmigen Auffangkolben. Das Licht wurde stärker und heller. Feine rote Blitze geisterten umher, umsäumt von dunklen violetten Schatten. In diesem Augenblick flüsterte der Graf „dort" und wies mit der Hand in das Dunkel jenseits des Herdes.

Ich zuckte zusammen und konnte einen leisen Ausruf nicht unterdrücken.

In der Tiefe der Nische stand voll ausgebildet im silbernen Gewande – schlank und lieblich anzuschauen – der Elf! Auf dem Kopf trug er den blauen Helm, genau wie es der alte Alchimist beschrieben hatte.

Wie wir nachher feststellten, hatten wir alle das Gefühl gehabt, dass er schon einige Zeit dort gestanden habe und wir ihn nur nicht gesehen hatten, weil wir auf die Vorgänge im Kolben blickten.

Wir rührten uns nicht. Er schien keine Notiz von uns zu nehmen, sondern sah ebenfalls aufmerksam auf das blaue Leuchten, das mit seinem irisierenden Farbenwechsel, der nun die ganze Skala der Farben durchlief, einen wunderbaren Anblick bot.

Plötzlich trat er aus dem Winkel hervor. Wie schwebend glitt er mit unnachahmlicher Grazie zum Athanor, besah den Kolben von allen Seiten und blickte sich dann im Raume um. Jetzt schien er uns entdeckt zu haben. Mit einer freundlichen Geste winkte er dem Grafen näherzutreten. Mehrfach zeigte er auf ihn, dann wieder auf den Kolben und trat dabei langsam zurück. Als er wieder im dunklen Winkel stand, schien er einen Augenblick wie durchsichtig. Noch einmal wies er auf den Athanor hin und war dann plötzlich verschwunden.

So schnell das alles vor sich ging – so tief war doch die Wirkung auf mich. Martin sagte nichts und machte sich still am Blasebalg zu schaffen, da das Feuer beträchtlich zusammengesunken war.

Als habe der Graf unsere Gedanken gelesen oder auch wohl, um die abwartende Stille zu überbrücken, sagte er, dass auch auf ihn die Erscheinung einen besonderen Eindruck gemacht habe.

„Ich glaube, eine Erklärung dafür gefunden zu haben“, fuhr er fort. „Sehen Sie, wenn uns in einer Sitzung mit einem guten Mittler, wie wir es vorgestern in der Barbara hatten, ein Phantom erscheint, werden wir immer mehr oder weniger das

Gefühl haben, dass es eben doch bei aller Körperlichkeit nur eine ‚Erscheinung', ein ‚Phantom' ist, das der betreffende Geist gebildet hat unter Zuhilfenahme der Kräfte des Mittlers, dass dieser Geist aber das Phantom nur so lange belebt, als es für seine Zwecke nötig ist. Er zieht sich dann wieder in eine andere Welt zurück, die von der unseren völlig verschieden und auch räumlich anders gelagert ist.

Hier bei der Erscheinung des Elf war es etwas ganz anderes. Er kam aus einem Bereich der Natur, der uns viel näher liegt. Er hatte es nicht nötig, sich das ‚Kleid' erst zu leihen, um uns sichtbar zu werden. Er konnte sich uns unter den durch die Räucherung und Anrufung erzeugten Bedingungen so zeigen, *wie er lebt,* auch wenn wir ihn nicht sehen. Sein Reich ist das der Naturgeister. Sie leben wie wir auf dieser Erde und bewegen sich überall gerade so wie wir, nur in einer anderen materiell feineren Daseinsform. Unbewusst haben wir alle drei wohl empfunden, dass wir hier einem Wesen gegenüberstanden, das eben kein zeitlich schnell vergängliches Abbild, sondern eine Individualität ist wie wir.

Als es so schnell wieder verschwand, haben wir wohl alle bedauert, dass es uns nicht vergönnt ist, mit diesen Wesen einer lichteren Welt öfter in Verbindung treten zu können."

Wir konnten dem Grafen nur zustimmen, denn er hatte genau das ausgedrückt, was auch uns bewegte.

Jetzt wandten wir unsere Aufmerksamkeit dem Tiegel zu, in dem das Blei flüssig geworden war und bereits langsam zu brodeln anfing.

Magnum Opus

Der Graf zeigte uns eine Elfenbeinkugel, etwa von der Größe einer Haselnuss. Obwohl wir sie genau betrachteten und schließlich sogar mit Hilfe eines Vergrößerungsglases, konnten wir nicht die geringste Unterbrechung an ihrer Oberfläche entdecken. Jeder, der sie in die Hand bekam, musste sie unbedingt für eine vollkommene Kugel aus Elfenbein halten.

Der Graf legte sie auf seine offengehaltene rechte Hand und hielt die linke mit zusammengehaltenen Fingern über sie, dabei sprach er einige uns unverständliche Worte. Wer aber beschreibt unser Erstaunen, als die kleine Kugel sich plötzlich langsam zu drehen begann, so als wolle sie eine ganz bestimmte Lage einnehmen. Dann lag sie wieder still. Vorsichtig hob der Graf sie aus der Höhlung der Hand, und nun ließ sie sich leicht in zwei Hälften auseinanderschrauben.

„Das nenne ich einen sicheren Verschluss“, rief Martin begeistert, und ich musste ihm voll beistimmen, „wer diesen Trick nicht kennt, wird wohl vergeblich versuchen, sie zu öffnen.“

In der Kugel befand sich ein feines graues Pulver, goldiggrün schimmernd. Der Graf tauchte einen feinen Faden mit der Spitze hinein. Es blieb so wenig an ihm hängen, dass man es kaum sehen konnte.

„Lasst uns beginnen!“, sagte er.

Wie er so dicht am Herd stand, von unten beleuchtet durch den rötlichen Schein der glühenden Kohlen, erschien er mir plötzlich viel älter als bei unseren abendlichen Gesprächen. Seine Züge waren die eines Menschen, der viel erfahren haben musste, Gutes und Böses, Schönes und Hässliches, Erhabenes und Niedriges, und der alles überwunden und in sich verarbeitet hatte zu einer Erkenntnis des Lebens, die viel tiefer sein musste, als er sich im allgemeinen anmerken ließ. Es war, als habe er soeben eine Maske fallen lassen, die er trug, um sich seiner Umgebung anzupassen. Er blickte über den Athanor hinaus, als sähe er in eine weite Ferne. In diesem Blick lag Bitte, Demut, Glauben und Vertrauen zugleich. Er begann eine Anrufung zu sprechen, deren Wortlaut ich leider nicht behalten habe. Er empfahl uns und unser Werk der höchsten Gnade. Er bat um die Mithilfe eines Geistes, der vielleicht sein besonderer Schutzgeist war, und er rief die Geister der Natur, das Werk zu unterstützen. Er schloss mit den Worten: „Der Geist des Saturn aber, der auch der Geist des Bleies ist, möge sein Kind nun entlassen, auf dass es sich wandle und von nun an ein Kind der Sonne sei.“

Bei diesen Worten ließ er vorsichtig den Faden auf das ruhig fließende Blei fallen. Sofort war er durch die Hitze – als kleines Flämmchen aufleuchtend – verzehrt. Das Blei wallte auf – es begann heftig zu kochen.

Ein eigenartiges Tönen war plötzlich im Raum. Zuerst wie ein dissonanter Akkord, der sich langsam in eine schöne Harmonie wandelte.

Bläuliche Dämpfe stiegen aus dem Tiegel auf, wandelten sich schnell über tiefvioletten und roten zu goldigem Schimmer – und verschwanden.

Auf einen Wink des Grafen nahm Martin den Tiegel vom Feuer. Wir stellten ihn auf einen eisernen Amboss, damit er schneller abkühle. Als wir ihn dann umstülpten und hochhoben, stand vor uns ein Kegel von der Form des Tiegels.

Und dieser Kegel bestand aus reinstem, herrlich leuchtendem Gold!

Von seiner Oberfläche ging ein Flimmern aus, als sei er mit winzigen Brillanten besetzt. Mit dem Vergrößerungsglas konnte man deutlich sehen, dass tatsächlich die Oberfläche über und über mit winzigen Goldkristallen besät war.

„An den Kristallen können Sie stets das alchimistisch hergestellte Gold vom gewöhnlichen unterscheiden. Auch wenn es mehrfach umgeschmolzen wird, bleiben diese Kriställchen erhalten, wenn auch nicht in so großer Menge wie hier. Heben Sie das Stück auf als eine schöne Erinnerung an den heutigen Abend und an mich."

Wir wollten das kostbare Geschenk, das viele tausend Dukaten wert sein musste, nicht annehmen. Aber der Graf lächelte nur: „Nehmen Sie es ruhig, was sollte ich damit? Mit diesem Inhalt meiner Elfenbeinkugel könnte ich mir viele hunderte gleicher Goldkegel bereiten, aber wozu? Ich könnte höchstens in Versuchung kommen, sie zu vergeuden, und schon das wäre ein Verstoß gegen die geistigen Bedingungen, die mit dieser transmutatio verknüpft sind."

Die Kohlen hatten ihren glühenden Schein verloren. Nur hin und wieder zuckte eine Flamme auf und beleuchtete unser Laboratorium. Dann gingen wir hinauf und trennten uns. Aber noch lange konnte ich keinen Schlaf finden und musste über das Geschehene nachdenken. War ich doch Zeuge eines der rätselhaften Vorgänge gewesen, die uns so oft überliefert waren in uralten und neueren Berichten. Und die immer wieder als Täuschung hingestellt wurden von denen, die nicht dabei gewesen oder sich vergeblich bemüht hatten, den Vorgang zu wiederholen.

Wie sollte man erklären, was geschehen war? War doch das Blei einer von den Urstoffen der Natur, die bei allen chemischen Prozeduren, denen man sie aussetzte, stets unveränderlich blieben, und die wir deshalb auch die chemischen Grundelemente nannten.

Was aber war dieser wunderbare „rote Löwe" für ein Stoff, der die Verwandlung des Bleies in Gold hervorrief und selbst nur als winziges Stäubchen aufgebracht wurde? Woher kam seine ungeheure Wirkung?

Alles das und vieles andere waren Fragen, die niemand beantworten konnte.

War es also ein Wunder? Aber Wunder geschehen nicht auf Befehl. Welche geheimnisvolle Rolle spielten die ausführenden Teilnehmer selber? Nur wenn ihre Gedanken reinster und uneigennütziger Art waren, gelang die völlige Transmutation, und brachte den unsauberen Alchimisten Enttäuschung, wenn nicht gar Verfolgung und Galgen. Nur langsam ebbten meine Gedanken ab. Als letztes sah ich noch einmal die funkelnden Kristalle. Ihr Blitzen schien freundlich und verheißungsvoll und führte mich hinüber in lichtere Reiche, während der Körper in gesundem Schlaf Kräfte für den nächsten Tag sammelte.

Der Graf reiste am folgenden Tage ab. Der Abschied wurde uns doch schwer. Die wenigen Tage des Zusammenseins hatten genügt, um uns in enger Freundschaft zu verbinden. Aber mit einem fröhlichen „Auf Wiedersehen in Paris" schieden wir.

Wenige Tage später folgte ich ihm mit den Briefen des Fürsten als Baron von Steineck, Gesandtschaftsvertreter und geheimer Kurier mit allerhöchsten Vollmachten, Pässen und Empfehlungen, die mir in Paris Tür und Tor öffnen sollten.

Bei der Freundschaft mit dem Grafen hätte ich ihrer sicher nicht bedurft, denn einen besseren Fürsprecher gab es nicht. Wir hatten verabredet, uns in Paris keineswegs als Freunde auszugeben. Es war besser, wenn wir dort nach außen hin als einander Unbekannte auftraten.

II. TEIL

Graf Nemo

Ein Schrei ertönte unter den Zuschauern, als das glitzernde Beil zum letzten Male herunterglitschte.

Es entstand eine Bewegung in der dicht gedrängten Menge, die den Platz um das Hochgericht erfüllte. Man schien jemanden fortzutragen.

Da das Schauspiel beendet war, leerte sich der Platz schnell.

Es dunkelte rasch. Nur zwei große Fackeln beleuchteten von unten herauf das große Holzgestell, mit dem wieder hoch oben eingeklinkten Beil, das sich silbern gegen den dunklen Abendhimmel abhob.

Langsam senkte sich der Vorhang vor dem kleinen Marionetten-Theater. Die Lichter, die die schauerliche Szene auf der kleinen Bühne soeben noch beleuchtet hatten, erloschen auf geheimnisvolle Weise. Nur einmal stieg noch ein verhaltenes Schluchzen auf, ging in leises Wimmern über und verlor sich dann rasch.

Das Puppenspiel war zu Ende.

Die Gäste erhoben sich und verließen den Saal. Sie zündeten ihre Windlichter an und gingen zu ihren Wagen herunter, noch vollkommen benommen von dem soeben Geschauten.

Nur der Graf von St. Germain, drei andere Gäste und ich blieben zurück. Wir gingen durch eine lange Galerie, auf deren einer Seite zwischen verhangenen Fenstern helle Kerzen brannten, während auf der anderen Ahnenbild neben Ahnenbild in tiefen dunklen Farben die Wand erfüllten, und betraten einen behaglich eingerichteten Raum des kleinen Schlosses, das fern von Paris in der südlichen Provinz inmitten eines großen verwilderten Gartens lag.

„Baron Nemo bittet, ihn noch einige Minuten zu entschuldigen“, sagte der Graf, „er bringt erst seine Puppen ins Bett. Für jede hat er einen kleinen Sarg. Dahinein legt er sie sorgfältig und lässt sie schlafen, bis sie auf sein Geheiß wieder aufwachen, um uns mit ihrem Scheinleben zu erfreuen oder zu erschrecken, je nachdem wie ihr Schöpfer es will, der auch der Geist ist, der sie belebt.“

Die Anwesenden nahmen an einem runden Tisch Platz, auf dem dunkler Wein in Karaffen stand neben herrlich geschliffenen Gläsern, aber auch allerlei Früchten, Fleisch in feinen Scheiben, Brot und Backwerk.

Unter dem Reifrock einer zierlichen und kostbaren Puppe stand eine Kanne mit heißem Kaffee, der allen sehr willkommen war. Aber erst allmählich fiel der Bann, in den das Puppenspiel uns alle geschlagen hatte.

Mein gräflicher Freund zeigte mir gegenüber jene Höflichkeit, die man Fremden entgegenbringt und stellte mich den anderen Gästen vor. Ihre Namen sagten mir nichts. Neben mir saß ein Baron Batz, ein kleiner zierlicher Herr in ausgewählt vornehmer Kleidung. Ihm gegenüber M. Guillotine, der aus gröberem Holz geschnitzt schien. Zu seinem wuchtigen Körper mit entsetzlich langen Armen passte sein riesiger Kopf. Auch trug er nicht, der Mode entsprechend, die sehr kleidsame Frisur mit Seitenlocken und dem in einem Beutel aus schwarzer Seide gehaltenen Haar, sondern sein Kopf war von dicken Locken umrahmt, die ihn noch größer machten. Seiner dunklen Uniform nach schien er ein Kapitän zu sein.

Der dritte, Graf Dubois, bedeutend jünger als die anderen, hatte feine aristokratische Züge. Er schien von dem Geschehenen am wenigsten beeindruckt und versuchte, mit M. Guillotine ein politisches Gespräch anzuknüpfen, auf das dieser aber scheinbar nicht eingehen wollte.

Wer Gelegenheit gehabt hätte, diese Männer hier zusammensitzen zu sehen und zu hören, wie sie freundschaftlich miteinander ein harmloses Gespräch führten über die Kunst des Schauspiels und vor allem über die Puppen, die Baron Nemo in so überaus lebendiger Weise agieren ließ, hätte niemals geahnt, welche einander völlig entgegengesetzte Rollen sie wenige Jahre später im politischen Leben spielen würden.

Alle waren des Lobes voll über das Puppenspiel, das sie soeben gesehen hatten.

„Noch nie hat mich ein Schauspieler oder auch eine Schauspielerin so begeistert“, sagte Graf Dubois, „wie der Mann, der in dem kleinen Lokal die aufrührerische Rede hielt – ein roter Feuerkopf, wie hieß er doch – und dann seine Zuhörer – wie sie dasaßen. Zuerst stumpfsinnig, dann aufhorchend, wie sie sich anstießen, auf den Redner aufmerksam machten: Habt ihr gehört, was der da oben sagte? Brüder müssen wir alle werden, frei müssen wir alle sein. Hat er nicht recht? Bravo – weiter – mehr wollen wir hören! Was? Der König ein Schmarotzer, ein Blutsauger, der auf Kosten des armen Volkes herumhurt? Hat je einer gewagt, so etwas zu sagen, aber hat er nicht recht?

Wie der Redner dann seine Hörer mit suggestiver Kraft in einen wahren Taumel von Wut hineinredete, wie sie aufsprangen und sich begeisterten. Was war das für ein Lied, das sie sangen?

Wie das alles gespielt war! Waren das wirklich Puppen, die da oben agierten, nur an leichten Fäden hin- und hergezogen und doch so unheimlich lebendig, und mit Gesten, eindrucksvoller als lebende Menschen?“

„Sie haben ja den Text recht gut behalten, Graf“, mischte sich Baron Batz ein, „und was sagen die anderen Herren dazu?“

Ich hatte bis jetzt geschwiegen. Das Erlebte hatte mich tief ergriffen. „Wenn ich etwas dazu sagen darf, meine Herren“, sagte ich, „wäre es folgendes, das ich selber noch gar nicht recht begreifen kann. Ich weiß auch nicht, ob Sie mir glauben werden, obwohl ich Ihnen die reinste Wahrheit sagen werde. Die geradezu unheimliche Lebenswahrheit, mit der die Puppen sich da oben bewegten, hat auch mich natürlich von Anfang an fasziniert. Hinzu kommt, dass ich das Puppenspiel heute zum ersten Mal sah und ich mir vorher gar kein Bild machen konnte, was mich erwartete. Auch glaube ich annehmen zu müssen, dass Baron Nemo eine besondere Begabung dafür besitzt, die Puppen zu bewegen. Ein Künstler ersten Ranges muss ihre Köpfe geschnitzt und sie angezogen haben. Ebenso erschienen mir die Bühnenbilder von hoher künstlerischer Vollendung. Die Beleuchtungseffekte waren doch völlig rätselhaft.

Bei der Erscheinung des Geistes im 2. Akt ging von der Bühne ein eiskalter Hauch aus, den alle näher Sitzenden bestimmt verspürt haben müssen. Aber nicht nur das, die ganze Erscheinung hatte etwas völlig Unmaterielles an sich, etwas, das mit den gewöhnlichen Mitteln besonders auf einer so kleinen Bühne sich gar nicht darstellen lässt."

„Sie haben gut beobachtet, Baron", fiel mir der junge Graf ins Wort, „auch wir haben uns schon öfter darüber unterhalten, wie Nemo es zustande bringt, uns diese oft wirklich gespenstischen Gespenster auf seiner kleinen Bühne vorzuzaubern. Aber bitte fahren Sie fort."

„Das alles aber wurde übertroffen von einer Sache – wie soll ich mich ausdrücken – ich möchte sagen – von einem Erlebnis oder Eindruck besonderer Art, den ich zweimal während des Spieles hatte.

Zuerst geschah es bei der Szene, die in dem kleinen Atelier des Malers spielt. Sein Freund ist bei ihm und seine Schwester, ein reizendes Mädchen. Der Freund liebt das Mädchen, und es ist abgemacht, dass sie heiraten, sobald er durch seine Bücher berühmt sein wird, was alle drei schon für die nächste Zeit erhoffen. Im Stück sprechen sie nicht davon, sondern von vielen aufregenden Dingen, von einer Zeitwende, von einem großen Umbruch. Der König soll abdanken, der Adel verschwinden, die Knechtschaft der Armen gebrochen werden, die Leibeigenschaft abgeschafft. Alle Menschen seien gleich und hätten darum auch die gleichen Rechte.

Vieles gefällt den Dreien an diesen Dingen, aber sie sind ihrem König treu und finden, dass es genügen müsse, eine Abordnung an ihn zu senden mit Vorschlägen, die er gewiss berücksichtigen würde.

Der Maler, sein Freund, der junge Schriftsteller und seine Schwester haben es nicht leicht. Noch reißen die Kunsthändler und Verleger ihnen ihre Werke nicht aus der Hand. Was sie hören, ist für sie ein Hoffnungsstrahl, der in eine bessere Zeit hineinleuchtet. Sie sehen aber auch Unruhen, Unsicherheit und neue Sorgen. ‚Die Masse ist immer eine Bestie', sagte der Maler, ‚am besten lässt man sie schlafen, es könnte sonst sein, dass sie im Taumel einer wahnsinnigen Leidenschaft ihre eigenen Kinder zerreißt.'

Nun, meine Herren, in diesem Augenblick, als er das sagte – er stand dabei an dem großen Atelierfenster, hinter dem blutrot der Mond sich über den Dächern von Paris hinneigte – in diesem Augenblick geschah das Seltsame. *Ich war nicht mehr Herr v. Steineck, Gast des Baron Nemo und Zuschauer, ich war plötzlich jener Freund,* stand mit den beiden mir so vertrauten und geliebten Menschen dort oben in dem kleinen Atelier, teilte ihre Sorgen und Nöte und – fast noch wunderbarer – wusste, wie sie beide hießen. Das gerade ist umso merkwürdiger, als Sie vorhin sagten, dass Nemo seinen Personen gar keine Namen gäbe.

Plötzlich klangen Stimmen von der Straße herauf, man hörte Schritte, die Tür flog auf, Marion, die Freundin der Kleinen, erschien – ich aber wusste ganz selbstverständlich, dass mein Freund Bonnard hieß und seine Schwester Héloise.

‚Habt ihr schon gehört', rief sie außer Atem, ‚der König ist geflohen, der Feigling ist fort – eine neue Zeit beginnt, ein neues Leben, ein besseres Leben. Wir werden alle reich sein. Der Adel wird abgeschafft und ihr –' ich sehe noch, wie sie uns erstaunt anblickte, denn wir standen still da und wussten nichts zu sagen. ‚Und ihr? Freut ihr euch denn gar nicht? Was macht ihr denn für betroffene Gesichter? Oder glaubt ihr nicht daran? Oder – oder – oder tut euch der Schuft etwa leid? Man wird ihn schon fangen und vor Gericht stellen und die ganze Bande auch, die uns aussaugt bis aufs Blut. Aber jetzt kommt die neue Zeit! Kennt ihr nicht den neuen Wahlspruch:

Freiheit – Gleichheit – Brüderlichkeit?'

Sie schwieg. Draußen klangen Trommeln und wilde Rufe.

‚Hört ihr das? Sie stürmen die Bastille. Das ist der Anfang!' Wir waren einen Augenblick lang alle still, dann sagte Bonnard ganz leise und mit unendlich trauriger Stimme: ‚Ja, ich kenne die Parole, sie lautet:

Freiheit, Gleichheit, Brüderlichkeit – oder Tod!'

Bei diesen Worten, die ich so wiedergebe, wie ich sie gehört zu haben glaubte, fiel langsam der Vorhang. Noch ehe er den Boden berührte, saß ich wieder im Sessel. Ich sah noch die Bühne mit den vier kleinen Puppen, den Mond, der hinter dem Atelierfenster gerade im Untergehen war, hörte noch das Schluchzen Héloises, die sich in die Arme Bonnards warf, erlebte tief in mir selbst die ungeheure Erschütterung – und konnte nicht fassen, dass das alles nicht Wirklichkeit war, sondern ein Puppenspiel, bei dem ich in geheimnisvoller Weise Mitspieler geworden war.

Ich verfolgte den Lauf der Dinge weiter als Zuschauer, war ganz im Banne der Ereignisse da droben, so wie Sie, meine Herren, auch, als das kleine Erlebnis sich am Ende des Spieles wiederholte.

Es war auf dem Platz, an dem jene schreckliche rote hölzerne Maschine stand, die den Menschen die Köpfe abschlug, während auf dem Platz eine fanatische Menge Beifall schrie und Damen und Herren an den Fenstern der nahen Häuser Beifall klatschten.

‚Bürger Gaspard‘, rief der rote Henker oben auf dem Gerüst. Ein Schrei ertönte aus der Menge. Es entstand eine Zusammenrottung – Sie werden sich erinnern – und in diesem Augenblick stand ich wieder oben auf der Bühne in der Menge, drängte mich durch, fand Héloise, die ohnmächtig geworden war, und trug sie mit einigen Männern fort. Unbeobachtet gelangten wir in unsere Gasse. Fern tönte das Johlen betrunkener Weiber und roher Schreier. Ich trug Héloise allein die Treppe hinauf in Bonnards leeres Atelier, legte sie auf das kleine Sofa und sank erschöpft vor ihr nieder – um im gleichen Augenblick wieder in meinem Sessel zu erwachen.

Das Spiel war aus – ich weiß nicht, wie es endete. Ich hatte mich diesmal sogar von der Szene dort oben fortbegeben und mein eigenes tragisches Spiel gespielt.“ Ich schwieg.

Die Herren waren meinem Bericht mit Aufmerksamkeit gefolgt. Mein Freund hatte manchmal mit dem Kopf genickt, als wolle er sagen – ja, ja, ich kenne das und weiß auch, was ich davon zu halten habe.

Aber gerade als er etwas sagen wollte, teilte sich der Vorhang, der vor einer kleinen Tür herabhing, und Baron Nemo trat in den Raum, uns freundlich begrüßend.

„Ich wollte schon früher kommen, aber als ich hörte, dass Baron von Steineck etwas besonders Fesselndes erzählte, blieb ich hinter dem Vorhang stehen, um nicht zu stören. So hatte ich den Vorzug, alles mitanhören zu dürfen. Ihr Bericht, lieber

Baron" – wandte er sich zu mir – „ist außerordentlich interessant, und was mich betrifft, glaube ich Ihnen jedes Wort. Warum auch nicht? Was ich aus Spiel, Fantasie und Intuition schuf, haben Sie sich zu eigen gemacht und fortgesetzt. Wenn ich mein Spiel beginne, weiß ich nie, wie es ausgeht, aber Ihr Erlebnis sagt mir, dass ich im Ablauf der Dinge keinen Fehler machte – leider –." Er unterbrach sich, machte eine eigenartige Bewegung mit der linken Hand, so als wolle er einen leichten Ball fortschleudern, und ging zum Tisch.

„Meine Herren", fuhr er mit einladender Geste fort, „bitte nehmen Sie wieder Platz und bleiben Sie noch einige Zeit meine Gäste. Erzählen Sie mir von dem Welttheater da draußen, nachdem ich Ihnen das meine vorgegaukelt habe."

Wir setzten uns und tranken von dem roten Wein, der vorzüglich schmeckte. Dabei sah ich zufällig zu St. Germain hinüber. Auch er schien an dem Wein irgendetwas Besonderes zu finden. Seine Augen schlossen sich ein wenig, als er trank. Ich kannte diese Bewegung, so klein sie auch war. Sie deutete an, dass er etwas Besonderes entdeckt hatte, was anderen verborgen geblieben war. Vielleicht irgendeinen Beigeschmack, der dem Wein zugemischt war und ihm das köstliche Aroma gab. Ebenso konnte es auch gelegentlich der besondere Unterton des Redners sein oder eine unbeabsichtigte kleine Geste, die ihm die wahren Absichten seines Partners offenbarte.

„Bevor wir uns anderen Dingen zuwenden", sagte er, „möchte ich wissen, lieber Baron Nemo, was Sie dazu sagen, dass Herr von Steineck, der doch heute zum ersten Mal Ihr Gast ist, sich plötzlich selber als Mitspieler der Ereignisse empfand, die Sie uns vorspielten, ja sogar, dass er die Namen der Beteiligten weiß, die Sie uns niemals mitgeteilt haben."

„Und die ich in der Tat selber gar nicht weiß." Nemo blickte nachdenklich in sein Glas.

Jetzt erst hatte ich Gelegenheit, ihn genauer zu betrachten. Er trug völlig schwarze Kleidung. Nur sein kleines Spitzenjabot und die Spitzenmanschetten an seinen Ärmeln waren von blendender Weiße. Seine Hände waren sehr lang und schmal, sein Gesicht klein, glatt und ohne jede Nuancierung der gelblich-weißen Haut. Seine dunklen Augen lagen tief und eng beieinander und schienen etwas schräg zu stehen. Das alles gab ihm einen fremden Ausdruck, der einen asiatischen Einschlag seines Blutes ahnen ließ. Er sprach leise und gleichmäßig. Es erschien mir unmöglich, dass er vorhin allein die verschiedenen Stimmen des Schauspieles gesprochen hatte.

„Der Fall ist wirklich sehr eigenartig", fuhr Nemo fort, „besonders dieses Wissen um die Namen der Personen. Es stimmt mich sehr nachdenklich. Ich führe Ihnen und auch anderen dieses Spiel von Zeit zu Zeit vor, weil – weil ich es muss. Die Handlung mit ihrem Ablauf und ihren Gesprächen geschieht – spontan – schöpferisch. Im Augenblick des Entstehens weiß ich noch nicht die nächste Fortsetzung. Auch die Figuren entstehen so zu irgendwelcher Zeit. Ich schnitze sie und bin selber erstaunt, wenn sie fertig vor mir liegen.

Das Erlebnis des Baron von Steineck hat sich übrigens hier schon einmal zugetragen, wenn auch in anderer Weise. Einer meiner Gäste, ein jugendlicher Brausekopf mit tollen Ideen, durch die er die Welt beglücken und befreien wollte, spürte plötzlich, als auf der Bühne das Messer herunterfiel, einen schneidenden Schmerz und Eiseskälte um den eigenen Hals. Es dauerte nur einen Augenblick und ging dann sogar, wie er sagte, in ein wohliges Gefühl der Ruhe über, nur etwas gestört durch das plötzliche Empfinden, Sägemehl oder etwas Ähnliches im Munde zu haben, was ihn aber nicht weiter störte. Im Augenblick später war alles vorüber, und er saß jung und kräftig in seinem Stuhl und freute sich am Spiel meiner Puppen."

„Dann haben Sie also die Szene mit dem merkwürdigen Gerüst schon öfter gezeigt?" fragte Baron Batz.

„Eigentlich nur selten, aber sie scheint eine besonders große Wirkung zu haben, wie ich es heute wieder sehe."

„Das Gerüst mit dem Beil interessiert mich besonders, Baron Nemo", mischte sich Monsieur Guillotine ein, „würden Sie die große Liebenswürdigkeit haben, es mir gelegentlich zu zeigen? Es interessiert mich technisch."

„Sehr gern, es ist übrigens keine Erfindung von mir, es ist unter meinen Fingern entstanden wie alles andere. Aber nun erzählen Sie mir bitte von Ihren Erlebnissen oder vom König. Wie geht es

Marie Antoinette? Was macht die Gräfin d'Adhémar, meine besondere Freundin? Und der kleine König von Preußen? Waren Sie bei ihm, lieber Germain oder beim König von Sachsen oder Polen? Diese Leute interessieren mich immer mehr. Ich weiß nicht warum. Ich verspüre in der letzten Zeit immer mehr den Drang, sie in die Reihen meiner Puppen aufzunehmen. Den König haben Sie ja vorhin schon gesehen.

Glauben Sie nur nicht, dass das Puppenspiel Ihnen genau die Zukunft zeigen will. *Im Gegenteil, vielleicht ist es geschaffen, um im Reiche der Ursachen die Dinge abzuwenden, indem man sie der Zeit – vorspielt, ganz wörtlich genommen, oder um vielleicht das Unabwendliche weniger grausig zu machen, wenn man ihm beizeiten einen Spiegel vorhält, damit es vor Entsetzen erstarrt über das, was kommen muss, wenn den Leidenschaften nicht rechtzeitig von – oben Einhalt geboten wird.*

Ich weiß es nicht – oder will es nicht wissen. Vielleicht bin ich selber nur eine Marionette, die auf höheren Befehl agiert und den nicht kennt, der ihre Schnüre hält.

Doch nun, lieber Germain, machen Sie den Anfang – erzählen Sie das interessanteste Erlebnis, das Sie in letzter Zeit hatten."

„Von Königen und ihren Frauen", begann der Graf, „weiß ich nur wenig zu erzählen. Ich habe auch keine Gelegenheit gehabt, in der letzten Zeit mit ihnen zu sprechen. Mit Ausnahme der Zarin von Russland. Sie ist eine außerordentlich kluge und erfahrene Frau, und es ist erstaunlich, mit welcher Energie sie das riesige Russland regiert, dessen Grenzen im Osten sich in ein unbekanntes Land verlieren, von dem sie in Petersburg nur gelegentlich durch Abgeordnete jener fernen Gegenden Kunde erhält. Aber ich selber habe vor kurzer Zeit bei meiner Rückreise durch verschiedene Staaten ein Erlebnis gehabt, das ich Ihnen nicht vorenthalten möchte, besonders weil ich dabei Gelegenheit hatte, einen Einblick zu tun in Grenzgebiete unserer Erkenntnis, der Sie alle aufs höchste interessieren wird."

Der Graf gab nun einen Bericht unserer gemeinsamen Erlebnisse. Er vermied es dabei, durch zu deutliche Angaben der Örtlichkeit die Vermutung aufkommen zu lassen, dass ich vielleicht sein Gastgeber und Retter war. Nur Baron Nemo sah während der Erzählung ein paar Mal scharf und prüfend zu mir herüber. Ich gab mir den Anschein, als kenne ich die Geschichte nicht.

Die Kerzen waren weit heruntergebrannt, als er seinen Bericht beendete. Aber niemand schien Lust zu haben, zu gehen. Fragen tauchten auf, wie dieses oder jenes zu erklären sei. Welche Rolle die alte Barbara dabei gespielt habe. Ob die Personen, also der Gastgeber, der Mönch und die alte Frau, ihm nicht vielleicht etwas vorgegaukelt hatten? Zeit zu Vorbereitungen in den eigenen Räumen sei doch genug gewesen. Man wollte sich dem berühmten Gast gegenüber vielleicht etwas wichtig machen, und was dergleichen Einwände waren.

Das alles geschah in fast durchsichtiger Weise, nur um nicht aufbrechen zu müssen von einer Zusammenkunft, von der jeder stets etwas für seine besonderen Pläne Nützliches mit nach Hause brachte.

Der Graf wusste allen Einwänden zu begegnen. „Mich hat noch keiner betrogen mit Gaukeleien“, schloss er die Debatte, „das können Sie mir glauben. Ich habe zuviel in meinem Leben gesehen und erfahren und ich kenne die Mittel, die man anwendet, um alles, was scheinbar von drüben kommt, sofort als echt oder unecht zu erkennen und zugleich auch als gut oder böse. In diesen Dingen war mir Paracelsus ein guter Lehrer.“

Das war wieder eine der seltsamen Äußerungen, die der Graf gelegentlich tat. Sie klangen zuerst so, als ob er Paracelsus persönlich gekannt habe. Sie konnten aber ebensogut bedeuten, dass er nur seine Schriften genau studiert habe.

Monsieur Guillotine war der Ansicht, dass es am besten sei, eine Erscheinung wie diese des Invaliden oder erst recht des schönen Mädchens fest anzupacken. Es würde sich dann schon zeigen, was Geist oder was warmes Fleisch wäre.

„Diese Methode“, antwortete Germain, „wäre die sicherste, um der alten Barbara, der Mittlerin der Erscheinung und ihre wahrscheinliche Kraftspenderin, einen Schock einzujagen, der sie ziemlich bestimmt verrückt gemacht oder sogar getötet hätte.“

Die Kerzen waren nahezu am Erlöschen, als man endlich aufbrach.

Héloise

Seit Tagen lag die Sonne verborgen hinter dichten Schleiern, aus denen unablässig ein feiner Sprühregen langsam auf die Stadt herniederrieselte. Selbst während der Mittagsstunden war es so dunkel, dass überall in den Zimmern Lichter brannten.

Meine Bemühungen, die mir vom Fürsten bezeichneten Bücher zu finden, hatten bisher wenig Erfolg. Auch die gütige Unterstützung des Grafen, der mir die Adressen der berühmtesten Antiquare aufgeschrieben hatte, brachten mich kaum weiter. Das Aufstöbern eines alten Buches und sein Kauf ist keine Angelegenheit wie der Einkauf irgendeines beliebigen Gebrauchsgegenstandes. Alle Antiquare, die wirklich etwas von ihrem Beruf verstehen, sind leidenschaftliche Sammler. Sie leben vom Verkauf ihrer Ware, aber der Schmerz, unter dem sie sich von jedem geliebten Stück trennen müssen, überwiegt die Freude, mit der sie es erwarben. Ein leidvoller Beruf für diejenigen, die besessen von ihm sind.

Der Tag war weit vorgeschritten und der feuchte Dunst, der alles einhüllte, nässte nicht nur die Kleider, sondern auch die Seele, auf die er sich lastend legte. Ich ging nach einigen völlig fehlgeschlagenen Versuchen planlos durch enge und winkelige Gassen, die stellenweise so dunkel waren, dass bereits vor einigen Türen Laternen brannten. Der feine Dunst bildete um sie her eine leuchtende Aureole, so dass es aussah, als hingen dort große mattflimmernde Scheiben, deren Regenbogenfarben, von einem leuchtenden Kern geboren, sich ringförmig nach außen verteilten. In einem Hausflur hörte ich erregte Stimmen. In der Dunkelheit des Schachtes war nichts zu erkennen. Aus den Fetzen des Gespräches glaubte ich deutlich Worte wie Korruption, Verbrecherbande und anderes zu vernehmen.

Ich war fest entschlossen, für heute jeden weiteren Versuch aufzugeben, als mein Blick in einer kleinen Gasse auf ein Fenster fiel, das sich in geringer Höhe über dem Trottoir befand. Eine Lampe aus Zinn warf einen rötlichen Schein auf einige Bücher, die dort scheinbar ohne jede Ordnung lagen, so als habe jemand eben darin gelesen und sei plötzlich abberufen worden. Ein alter Vorhang versperrte die Aussicht zu dem dahintergelegenen Raum. Einige ausgetretene Stufen führten hinab zu einer Tür, die zur Hälfte unter der Straße lag. Alles machte einen bescheidenen, fast ärmlichen Eindruck. Aber ich wusste, dass dahinter für den Suchenden ebenso gut eine Enttäuschung wie ein Zauberreich ungeahnter Schätze verborgen liegen konnte.

Auf mein Klopfen öffnete mir ein Mann, dessen Gesicht ich zunächst nicht deutlich erkennen konnte. Wohl wegen der Kühle seiner Behausung trug er einen weiten langen Rock, ähnlich einem Schlafrock, der seine Gestalt völlig verbarg.

Mit freundlich gewählten Worten bat er mich, näherzutreten. Der große Raum, in den ich trat, erstreckte sich tief in den hinteren Teil des Hauses. Der Fußboden war mit weichen Teppichen belegt und an den Wänden ringsum standen Regale, die bis unter die Decke mit Büchern gefüllt waren.

Bald saßen wir beide an einem kleinen runden Tisch und unterhielten uns so angeregt, als ob ich nicht zum ersten Mal hierhergekommen sei, sondern mit dem Antiquar viele Jahre bekannt und befreundet wäre. Monsieur Oliver war gerade das, was ich vorher von den Antiquaren im allgemeinen sagte. Seine ganze Liebe galt den Büchern. Seine Kenntnisse waren außerordentlich, seine Spezialität war alles, was mit Alchimie, Astronomie, Astrologie und Mathematik zusammenhing.

Als ich ihm dann noch erzählte, dass ich den Grafen St. Germain gut kannte – und ich glaubte, an dieser Stelle keinen Hehl hieraus machen zu müssen –, sprühte die ganze Lebendigkeit des Franzosen in ihm auf. Mit dem unnachahmlichen Charme des Parisers bot er mir einen köstlichen Rotwein an und unsere sich immer mehr vertiefenden Gespräche ließen mich lange Zeit den Grund meines Kommens völlig vergessen.

Es war mir beinahe peinlich, als ich endlich meine Wünsche vortrug. Er zeigte keinerlei Unmut, sondern betonte wiederholt, dass es ihm eine große Freude sei, einem Freunde des Grafen, den er überaus schätze, wenigstens in bescheidenem Maße dienlich sein zu können. Aus der Tiefe eines sich anschließenden Raumes, in dem er kurze Zeit verschwand, brachte er wirklich einen jener seltenen Bände, die auf meiner Liste standen, sogar mit drei Kreuzen versehen, um den Wunsch des Fürsten, es zu besitzen, zu bekräftigen.

Ohne zu handeln, zahlte ich die von ihm geforderte Summe, und ich bin gewiss, dass er es mir sehr preiswert ließ, denn er entfernte schon vor Nennung des Preises einen kleinen Zettel, auf dem sicher eine viel höhere Summe gestanden haben mag.

Es mochten wohl einige Stunden vergangen sein, als ich trotz der liebenswürdigen Einladung des Antiquars, heute Abend sein Gast zu sein, endlich aufbrach.

Später habe ich mich oft gefragt, ob es wirklich nur die so schnell aufkeimende Sympathie zwischen uns beiden war, die mich so lange zurückhielt, oder der uns unbewusste Einfluss eines vorausschauenden Engels, der einen neuen Faden in den Teppich des Schicksals zweier Menschen zu knüpfen versuchte, von deren Existenz ich bis zu diesem Augenblick keine Ahnung hatte.

Als wir uns der Tür zuwandten, wurde diese von außen plötzlich geöffnet. Eine hell gekleidete Gestalt trat mit schnellen Schritten herein, blickte zurück, gewahrte den Schlüssel, drehte ihn herum und atmete sichtlich erleichtert auf. Das alles geschah trotz großer Eile mit selbstverständlicher Sicherheit.

M. Oliver hob den Leuchter, den er in den Händen getragen hatte, um die Gestalt besser sehen zu können.

„Héloise“, rief er, „Mädel, wo kommst du jetzt her? Warum schließest du die Tür hinter dir ab?“

Der Schein der Kerzen beleuchtete ein schmales Gesicht unter einem dunklen Scheitel.

„Oh, mein lieber Oheim", rief sie mit erregter Stimme, „ich komme von Marion und wollte den Weg abkürzen. Zwei Männer redeten mich auf der dunklen Straße an. Sie wurden immer zudringlicher. Wer weiß, was geschehen wäre, wenn ich nicht zu Ihnen hätte flüchten können."

Mit ebenso hastiger wie graziöser Geste strich sie ein paar Locken aus der Stirn. Dann erblickte sie mich. Es war ihr sichtlich peinlich, da ein Fremder sie in dieser Situation sah, aber der Antiquar half ihr schnell über die Verlegenheit des Augenblicks fort.

„Dies ist mein junger Freund M. von Steineck. Wir haben soeben lange miteinander geplaudert."

Das junge Mädchen hatte sich wieder völlig gefasst und nun erst sah ich den vollen Liebreiz ihres Gesichtes.

„Héloise ist die Schwester des Malers Bonnard", erklärte der Antiquar. „Seit dem Tode beider Eltern führt sie ihm den Haushalt. Wollen Sie mir einen großen Gefallen tun, mein junger Freund? Bitte begleiten Sie Héloise nach Hause. Die Zeiten sind wirklich unruhig. Alles ist auf den Kopf gestellt. So etwas wäre noch vor wenigen Jahren unmöglich gewesen. Für Bonnard gebe ich Ihnen noch ein kleines Billet mit."

„Aber Onkel", wehrte Héloise ab, „ich kann doch allein gehen. Von hier sind es ja nur noch wenige Schritte bis zum Boulevard und dann kann mir nichts mehr geschehen."

Ich nahm den Vorschlag gern an und auch Héloise schien nach ihrem ersten Einwand nichts dagegen zu haben. Mein Beruf führte mich selten unter Menschen, so dass ich bestimmt kein guter Gesellschafter für junge Mädchen war. Um so reizender aber verstand es Mademoiselle Bonnard zu plaudern. Es wurde mir oft nicht leicht, sie zu verstehen, denn sie sprach wie alle Pariser sehr schnell, aber so klangvoll akzentuiert, dass ihre Worte, getragen von einem leichten Auf und Ab ihrer dunklen Stimme, wie Perlen an einer schaukelnden Schnur dahinglitten. Überrascht merkte ich bald, dass sie keineswegs nur eine kleine lustige Pariserin war, in deren Kopf man noch nicht viel Weisheit hineingetrichtert hatte. Sie wusste recht gut Bescheid in vielen Dingen, besonders in Fragen der Kunst und Literatur. So standen wir schneller als ich gedacht vor dem großen Hause, in dem ihr Bruder sein Atelier hatte.

„Bitte, geben Sie uns den Vorzug“, sagte sie mit vollendeter Höflichkeit, „noch ein wenig unser Gast zu sein. Und – Sie haben auch noch das Billett meines Oheims, das Sie meinem Bruder persönlich abgeben wollen.“ Sie lächelte schelmisch dabei und verstand sofort, was ich meinte, als ich sagte: „Natürlich, natürlich, unbedingt persönlich.“

Der Maler mochte zuerst ein wenig erstaunt sein, als seine Schwester in dieser Abendstunde in Begleitung eines fremden Herrn zurückkam. Doch Héloise klärte ihn lachend auf.

Als Bonnard das Billet gelesen hatte, lud er mich herzlich ein, sein Gast bei einem bescheidenen Abendimbiss zu sein.

Das Atelier war ein schöner Raum. Durch das große Fenster blickte man weit über die Dächer der Stadt. Rings an den Wänden hingen Bilder, die meist kleine Gassen, stille Winkel und alte Gemäuer oder malerische Plätze darstellten. Nirgends waren Menschen auf ihnen zu sehen. Still und verträumt lag alles da, als wären die Bewohner soeben in die Kirche gegangen und die letzten Klänge der Glocken zögen über die Straßen.

Der Maler war seiner um mehrere Jahre jüngeren Schwester sehr ähnlich. Bald saßen wir in lebhaftem Gespräch, an dem auch Héloise teilnahm, wenn sie nicht verschwand, um ihren Hausfrauenpflichten nachzugehen. Beiden machte es großes Vergnügen, dem Fremden, der von so weit herkam, vom Leben und Treiben dieser Stadt zu erzählen. Ebenso hörten sie gespannt und meist ergötzt zu, als ich ihnen von meinem Leben berichtete.

Aber auch sie gestanden, dass in Paris, ja in ganz Frankreich, Unzufriedenheit und Hass gegen den König herrschten und umstürzlerische Gedanken immer mehr überall gepredigt und verkündet wurden und dass in allernächster Zeit irgendetwas sich ereignen würde, das noch niemals in dieser Form so tief in das Leben des Volkes, ja, eines jeden Einzelnen eingreifen könnte. Bonnard verkannte nicht, dass an den Tatsachen, die man gegen König und Regierung und besonders gegen den immer hochmütiger werdenden Adel vorbrachte, viel Wahres sei. Nur hielt er die Mittel, die man zur schnellen und gründlichen Besserung anwenden sollte, für völlig untauglich. „Wenn schon ein König nicht die richtigen Männer findet, die ihm regieren helfen, findet eine Volksversammlung sie erst recht nicht“, sagte er erregt.

„Sehen Sie mein Herr“, griff Héloise ein und machte ein sehr ernstes Gesicht dabei, „mein Bruder mag recht haben. Gewiss muss vieles geändert werden, aber er sollte seine Meinung lieber nicht so laut sagen und das tut er leider gern. Es hat ihm schon manche Feindschaft oder wenigstens Missbilligung eingetragen. Ich fürchte, wenn erst einmal diese Menschen losgelassen sind, wird man nicht so friedlich zu neuen Formen des Lebens finden, sondern mit Gewalt. Einige predigen das ganz offen. Die Gewalt aber wird nicht nur von wenigen klugen Leuten vielleicht in bester Absicht ausgeübt werden, sondern von vielen, die für sich dabei eigene Vorteile erhoffen. In deren Händen wird sie zu brutaler Rache werden, die alles vernichtet, was ihnen nur im geringsten andersdenkend erscheint.“

„Das kleine Schwesterchen ist zu ängstlich“. Bonnard sagte es im scherzenden Ton. „Schließlich steht doch Meinung gegen Meinung und selbst im Parlament des Volkes muss es doch eine Partei geben, die angehört, wenn auch vielleicht überstimmt wird.“

„Er hält das Volk für so anständig, wie er selbst ist“, fuhr Héloise fort, „ich habe einmal zufällig eine größere Versammlung gesehen, mir graut noch heute davor – vor den Rednern, vor den Zuhörern, vor ihrem Beifall und Gebrüll. Es mag wirklich kindisch sein und dumm, was ich jetzt sagen will. Aber als Sie soeben von Ihrer Heimat erzählten und dem stillen friedlichen Leben dort, wünschte ich, mein Bruder hätte sein Atelier lieber in einer kleinen Stadt, vielleicht unten im Süden, als hier in Paris, das wir beide sonst so sehr lieben."

„Aber Héloise", fiel Bonnard ihr ins Wort, „gerade hier in Paris in den alten Vorstädten finde ich doch die Motive, die ich so liebe. Hier allein hat man die große seelische Emotion durch Freunde – auch Feinde, wenn du willst, durch Kunstliebhaber, Ausstellungen, alles das, was uns doch immer wieder anregt und fördert."

„Nun ja", wandte ich ein, „aber könnten Sie nicht einmal vorübergehend Ihre Zelte hier abbrechen und den Wunsch Ihrer Schwester erfüllen, bis die äußere Situation sich geklärt hat, was doch zweifellos nach kurzer Zeit der Fall sein wird?"

Bonnard schüttelte nachdenklich den Kopf: „Mein lieber Freund, das, was sich hier vorbereitet, kocht schon zu lange, um schnell vergessen zu werden. Auf jede Aktion folgt eine Reaktion und darauf vielleicht noch weiteres. Ich könnte mir denken, dass dieser Vulkan, wenn er einmal ausbricht, viele Jahre braucht, um sich wieder zu beruhigen."

So glitten unsere Gespräche immer wieder in das Aktuelle unserer Zeit hinüber. Mit keinem noch so leise mahnenden Pochen unserer Herzen ahnten wir, wie nahe uns das war, was wir befürchteten – und wie tief es in unser aller Schicksal eingreifen würde.

Es war spät geworden, als wir uns trennten. Die Geschwister baten mich herzlich, sie recht bald wieder zu besuchen. Allein die Wärme des Tones, mit der sie es sagten, versicherte mich der Aufrichtigkeit ihrer Einladung. Gern sagte ich zu. Nur müsste ich jetzt noch im Auftrage des Fürsten in das südliche Frankreich reisen, nach Avignon und vielleicht hinunter bis an das Mittelmeer. Einige Wochen könnte es schon dauern, bis ich wieder in Paris wäre, dann aber wollte ich mich sofort wieder melden.

„Einige Wochen“, wiederholte Héloise meine Worte leise, als spräche sie in Gedanken vor sich hin. Die Art, wie sie es sagte, kaum hörbar und vor sich hinunterblickend, jagte eine plötzliche Unruhe in mir empor.

Ein seltsames Gefühl ergriff mich. Mir war, als hätte ich dies alles schon einmal erlebt: die Geschwister, das Atelier und das innere Warten auf etwas kommendes Unheilvolles.

Das unheimliche Marionetten-Theater Baron Nemos und meine persönlichen Erlebnisse fielen mir in jenem Augenblick nicht ein.

Beim Abschied behielt ich Héloises schmale Hand länger in der meinen als es allgemein schicklich war.

Sie wehrte es mir nicht.

Der Schuster von Avignon

Da ich mit der Schnellpost reiste, kam ich gut vorwärts. Überall stieg ich in den mir vom Grafen angegebenen Gasthäusern ab. Ich hatte stets den Eindruck, als würde ich erwartet und wurde mit großer Aufmerksamkeit bedient. Sicher war dieses Entgegenkommen nur dem Grafen zu verdanken. Wie vorausgesagt, führte mich mein Weg über Avignon bis Marseille hinunter nach Süden. In Marseille fand ich noch einige wertvolle Bücher. Von hier reiste ich zurück nach Avignon. Im Hotel fand ich einen Brief des Grafen folgenden Inhalts:

„Mein lieber Freund, ich hoffe, dass dieser Brief Sie auf Ihrer Rückreise in Avignon erreichen wird. Die Kurve des Unheils beginnt schneller als wir dachten ins Ungewisse zu steigen. Baron Nemos Marionetten machen sich selbständig. Der einzige, der immer noch helfen könnte, ist ein Trottel. Seine Unfähigkeit, rasch und energisch zu handeln, wird mehr Menschen das Leben kosten als er Minuten nutzlos verstreichen lässt. Bitte dämpfen Sie Ihre Sehnsucht und bleiben Sie noch ein paar Tage in A. Meine nächste Nachricht finden Sie beim Schuhmacher Pierre Framon in der Gasse der Dominikanerinnen. Zeigen Sie ihm diesen Brief. Lassen Sie von dort unverzüglich Nachricht an mich abgehen an die Ihnen bekannte Adresse. Wie immer Ihr St. G.“

Am nächsten Vormittag besuchte ich in Avignon einige Antiquare und fand zu meiner größten

Freude wundervolle Werke alt-arabischer und spanischer Alchimie, die ich für den Fürsten erwarb. Wer weiß, welche Schicksale sie aus Spanien hergeweht hatten, damit sie noch einmal weiter wanderten und im fernen Deutschland die Zierde einer in doppeltem Sinne „fürstlichen" Bibliothek wurden.

Nachmittags machte ich mich auf den Weg zu Pierre Framon. Der Tag war heiß. Kochend lag die Luft in den Straßen, auf denen kaum ein Mensch zu sehen war. Aber noch etwas anderes Unheimliches, Drohendes schien über ihr zu liegen. Oder war es nur der innere Reflex meiner Stimmung, den ich nach außen projizierte, hervorgerufen durch die Erlebnisse in Paris, die Begegnung mit Graf Nemo, die Gespräche mit St. Germain, dem Antiquar und nicht zuletzt mit dem Maler Bonnard und seiner liebreizenden Schwester Héloise. Im Geiste hörte ich wieder ihre letzten Worte „quelques semaines", die wie ein Hauch waren. Warum musste ich so viel an sie denken? Stand ich nicht ihrem ganzen Lebenskreise völlig fern? Ich, der Fremde, der sogar aus einem nicht gerade sehr beliebten Nachbarland kam. War sie nicht beinahe noch ein Kind, das unmittelbar vor dem Erblühen stand und dem alle tieferen Regungen des Herzens noch fremd waren?

Der Graf hatte bestimmt triftige Gründe, mich hier zurückzuhalten. Ich musste ihm unbedingt Folge leisten. So begannen hier Gehirn und Herz, Vernunft und Gefühl miteinander in Streit zu liegen, eine Erscheinung, die mir völlig fremd war, da ich mich bisher immer nur nach den Erwägungen meiner Vernunft habe leiten lassen.

Ein wenig ermüdet von der Hitze, die sich noch zu steigern schien, stand ich endlich vor einem kleinen blau angestrichenen Haus. Die Tür war leicht angelehnt. Da auf mein Klopfen niemand kam, trat ich in den Flur. Links befand sich eine Tür, dahinter ging eine Treppe steil wie eine Leiter in die Höhe. Ich ging durch den schmalen Gang, den die Treppe ließ, nach hinten, klopfte vergebens an zwei Türen und trat auf den Hof hinaus. Einen Augenblick blieb ich überrascht stehen.

Er war größer, als ich gedacht hatte, und hinten mit grünem Rasen bedeckt und durch eine Mauer abgeschlossen, die ich unschwer als die alte Stadtmauer erkannte. Links lag ein niedriges Quergebäude, ganz überrankt mit Hopfen, der zwischen zwei großen Fenstern emporwuchs. Rechts stand eine Reihe riesiger Sonnenblumen, wie Soldaten in die Höhe gereckt und blickten mit ihren großen Blütengesichtern schräg nach oben über die Mauer, als erwarteten sie, dass dort im nächsten Augenblick jemand herübersteigen würde. Vor der Mauer stand ein Pfau, während seine Frauen in einer Ecke auf einer Stange saßen. Als er mich sah, schlug er ein Rad, so groß und herrlich, wie ich es noch niemals gesehen hatte. Hunderte von Augen sahen mich plötzlich erwartungsvoll an und beobachteten den Fremden, der in diesen Winkel abgeschiedener Beschaulichkeit eingedrungen war.

Dann hörte ich rhythmische Hammerschläge aus dem Seitengebäude herüberklingen. Hier fand ich M. Framon. Er saß in einem Raume, der ebenso viele Regale enthielt wie die der Antiquare, nur dass sie nicht mit Büchern, sondern mit Schuhwerk jeder Art gefüllt waren, vom schwersten Reiterstiefel an bis zum zierlichsten Stöckelschuh.

Der Schuhmacher rührte sich nicht, als ich eintrat. Er bewegte nicht einmal den Kopf. Nur seine Augen blickten sekundenkurz prüfend, anstatt durch die Brillengläser über sie hinweg. Ich begrüßte ihn höflich und sagte ohne Umschweife: „Graf St. Germain lässt Sie herzlich grüßen," ihm dabei dessen Zeilen überreichend.

Er nahm den Brief, las ihn und verwandelte sich in wenigen Sekunden vom phlegmatischen Handwerker in einen echten Südfranzosen. Er legte sein Werkzeug schnell beiseite, band seine blaue Schürze ab, tat seine Brille in ein Etui, strich sein volles Haar zurück und erschien mir nicht mehr wie ein kleiner Handwerker in einer alten verträumten Stadt. Er sah recht energisch aus, seine Augen hatten den hellen Schein eines Menschen, der gewohnt ist, schnell und scharf zu denken.

„Bitte, entschuldigen Sie tausendmal, dass ich Sie so wenig höflich begrüßte", rief er, „aber heutzutage muss man vorsichtig sein, sehr vorsichtig. Aber bitte kommen Sie in mein Haus. Meine Frau wird sogleich wiederkommen und uns dann einen guten Kaffee machen."

Bald darauf saßen wir im vorderen Zimmer des blauen Hauses und freuten uns der Kühle, die hier herrschte, und der Kaffee, den die rundliche Frau uns vorsetzte, mundete köstlich. Auch hier hatte ich sogleich das Gefühl, nicht unter Fremden, sondern unter Freunden zu sein. Immer war ich dem Grafen dankbar, dessen Name wie ein Zauberschlüssel nicht nur die Türen, sondern auch die Herzen aller öffnete, die ihn kannten.

„Sicher glauben Sie, alles zu wissen, was der Graf Ihnen in dem kleinen Brief schrieb, den Sie mir vorhin zeigten?“ fragte Framon im Laufe des Gespräches.“

Ich war verblüfft. „Gewiss, er enthielt ja nur wenige Zeilen.“

„Und doch glaube ich, dass Ihnen etwas entgangen ist, das ich Ihnen aber sicherlich zeigen darf.“

„Und das wäre?“

„Der Graf hat mir in dem an Sie gerichteten Brief eine kleine Botschaft überbracht.“

„Wie wäre das möglich? Ich glaube doch, ihn ganz genau gelesen zu haben.“

„Bitte, geben Sie ihn noch einmal her – sehen Sie hier am Schluss stehen doch die Worte: Lassen Sie von dort unverzüglich Nachricht... Wenn Sie genau hinsehen, finden Sie an den Buchstaben e, d und u winzig kleine Punkte, die jeder übersieht. Sie sind absichtlich beigefügt. Diese Botschaft soll heißen: *e*iner *d*er *U*nsrigen. Sie sind erstens ein Zeichen, dass der Brief echt ist, zweitens, dass ich Ihnen volles Vertrauen schenken kann.

Für den Grafen, der mit der hohen Politik der Völker, der Höfe, der Freimaurer, geheimen Logen und manchem anderen viel enger verknüpft ist, als die meisten seiner Freunde ahnen, ist diese Möglichkeit von Mitteilungen sehr wichtig. Nach manchem, was er mir erzählte oder was ich aus Berichten anderer zusammenreimte, muss er überall in Europa Vertraute und Helfer haben. Sie alle sind überzeugt, dass er übermenschliche und geheimnisvolle Kräfte besitzt, die ihn alles wissen lassen, was geschieht. Vielleicht ist es wirklich so, vielleicht aber sind es gerade die vielen ihm ergebenen Menschen, deren Einzelwissen bei ihm zusammenfließt und das er dann geschickt und klug verwendet. Immer aber sind seine Absichten die lautersten. Er ist selbst oft tief unglücklich, dass gerade seine hochgestellten Zeitgenossen so blind sind und nichts sehen wollen, was vor seinem hellen Verstand ganz klar daliegt. Er sagte mir einmal in einer ernsten Stunde: ‚Ich weiß, was die Welt von mir denkt, und ich weiß genau, was davon wahr ist oder übertrieben. Leider wissen es auch einige Dämonen. Sie haben deshalb außerordentliche Anstrengungen gemacht und sind auch im Großen gesehen bisher Sieger geblieben. Einmal aber – in hoc signo vincimur.‘ Er blickte dabei starr geradeaus und machte ein seltsames Zeichen in die Luft. Es war kein Kreuz, sondern einem Kelche ähnlich.“

Über solche und andere Dinge hatten Framon und ich uns manches zu erzählen.

Eine neue Nachricht war noch nicht eingetroffen, was uns nicht weiter wunderte, da ja kein näherer Termin dafür angegeben war. Dann erwies sich, dass der Schuster besonders unterrichtet war in den Lehren der Kabbala. Das reine Nachdenken des dort „Vorgedachten“, das zu seiner Erkenntnis nötig ist, lag ihm besonders. Die mechanische Arbeit seiner Hände ließ dem Gehirn Zeit genug, sich zu betätigen, ohne dass eines von beiden dabei zu kurz kam. „Das Beste finde ich immer“, sagte er, „wenn ich auf meinem Hocker sitze und nicht hier auf dem Sofa. Wenn Sie Kabbalist wären, würden Sie verstehen, wenn ich sage – Frankreich ist auf dem Wege zu seiner Entwicklung bei der 13. Karte der großen Arkana des Tarot angekommen. Sie bedeutet, dass die Tiefe des Leidens erreicht wird und der Mensch nun entscheiden muss, welchen Weg er nach seinem eintretenden leiblichen Tode einschlagen will.“

Noch viele aufschlussreiche Dinge hörte ich von ihm und war hoch erfreut, als er mir zusagte, mich tiefer in diese wunderbaren uralten Weisheiten einzuweihen, deren Spuren über Ägypten bis zum sagenhaften Atlantis zurückreichten.

Bis ein zweiter Brief des Grafen eintreffen würde, sollte ich allabendlich sein Gast und Schüler sein. So durfte ich noch manches köstliche Wissen aus seinem Munde hören. Wie verzaubert kam ich mir vor, wenn ich durch die abendlichen Straßen ging in das blaue kleine Haus mit den großen Sonnenblumen, dem Pfau, der um diese Zeit mit seinen Frauen schon schlafen ging, und den beiden Leuten, die ich immer mehr in mein Herz schloss.

Leider machten die äußeren Verhältnisse diesem Idyll bald ein Ende. Die Unruhe im Lande wurde täglich deutlicher und unverhüllter. Die tollsten Gerüchte drangen bis in den Frieden unseres Abends. Da sie immer wieder durch andere überholt wurden, schwächte sich ihre Wirkung sichtlich ab. Das aber war gerade das Gefährliche.

Dann kam ein neuer Brief des Grafen. Der „Traum im Pfauenhaus“, wie ich es scherzhaft getauft hatte, war zu Ende. Das Leben forderte neue Entscheidungen, und zwar von schneller ungewohnter Art.

„Lieber Freund“, schrieb der Graf, „der König tut das Schlimmste, was er tun kann – er tut nichts. Dafür die anderen um so mehr. Hier wird in den nächsten Tagen alles drunter und drüber gehen. Kehren Sie daher nicht nach Paris zurück, reisen Sie unverzüglich über die Schweiz in Ihre Heimat zurück. Haben Sie keine Sorge um mich und Ihre Freunde in Paris. Briefe erreichen mich über unseren Freund Framon. Leben Sie wohl. Wir sehen uns bestimmt wieder. Ihr St. G.“

Der Brief traf mich wie ein eiskalter Strahl. Ich hatte mit keinem Gedanken daran gezweifelt, zunächst wieder nach Paris zurückzukehren. Aber der Graf hatte recht. Ich hatte dort nichts mehr zu suchen. Oder doch? Ein liebliches Gesicht tauchte vor meinen Augen auf, eine leise Stimme sagte wieder „quelques semaines“ und mein Herz krampfte sich zusammen. Ich versuchte, jede persönliche Regung auszuschalten. Für zwei Worte und das Zögern einer Kinderhand durfte ich den Rat eines so welterfahrenen Freundes nicht in den Wind schlagen. Auch war ich dem Fürsten gegenüber verpflichtet, das neu erworbene sehr kostbare Gut so sicher wie möglich nach Hause zu bringen.

Gleichzeitig fiel es wie Schuppen von meinen Augen. Das Marionettenspiel Baron Nemos und meine Erlebnisse in Paris verschmolzen miteinander zu einer Welt von Erscheinungen, deren Beginn ich nun auch in der Wirklichkeit dieser Welt erlebt hatte.

Und voller Bangen fragte ich mich, ob das, was ich damals weiter geschaut, ebenfalls in naher Zukunft sich erfüllen werde und welche Mittel wir ersinnen mussten, um alles Unheil von uns abzuwenden.

Aber ich erhielt damals keine Antwort.

Schweren Herzens schrieb ich dem Grafen ein paar Zeilen des Dankes für seine väterliche Besorgnis und einen Brief an die Geschwister Bonnard, in dem ich begründete, dass ich sofort nach Deutschland zurück müsse. Ich dankte ihnen nochmals für die schönen Stunden und hoffte, dass ich bald Gelegenheit haben würde, eine neue Reise in ihre schöne Stadt zu machen und sie dann bei bester Gesundheit zu sehen.

Als ich nach einem herzlichen Abschied von Framon und seiner Frau in der letzten Nacht in Frankreich zur Ruhe ging, wusste ich, dass alles

Geschriebene nur eine Täuschung war, mit der ich die Unruhe meines Herzens und den Wunsch, doch noch nach Paris zu fahren, ebenso endgültig austilgen wollte, so wie ich mit dem Metallhütchen die Kerze löschte.

Meine Rückreise verlief ohne besondere Schwierigkeiten. Und doch geschah sie nicht so schnell wie ein Eilbrief nach Paris lief und ein anderer von dorthin in meine Heimat.

Als ich an einem späten Abend, noch ein wenig steif und durchgerüttelt von der tagelangen, pausenlosen Fahrt vor meinem Arbeitstisch in den bequemen Stuhl sank, lag dort bereits ein Schreiben meiner Pariser Freunde. Bonnard berichtete über die Ankunft meines Briefes und seine eigene Enttäuschung. Er hatte noch einen Zettel beigelegt, den Héloise wohl nicht lesen sollte. Darauf stand: „Das kleine Schwesterchen hat ganz große dunkle Augen bekommen, als ich Ihren Brief vorlas. Dann ist sie in ihr Zimmer gegangen, und ich musste mir an diesem Nachmittag den Kaffee selber heiß machen. Ich hoffe, es ist eine Kinderkrankheit, wie wir sie alle ein- oder mehrere Male in diesem Alter durchgemacht haben, und wenn nicht? – Was wissen wir überhaupt, was die nächste Zeit bringen wird und ob nicht die rauhe Wirklichkeit uns zwingen wird, unsere eigenen Wünsche und Hoffnungen sehr, sehr weit zurückzustellen."

Dem Brief lag noch eine Zeichnung bei, die Héloise angefertigt hatte. Ich war erstaunt über ihr Können. In Paris hatte sie mit keinem Wort davon gesprochen. Mit einer feinen Feder hatte sie, nur die Konturen angebend, unser erstes Zusammentreffen im Bilde festgehalten. Da stand der Oheim mit dem Leuchter, daneben ich mit erstauntem Gesicht und schräg davor sie selbst. In der ungezwungenen Natürlichkeit der Wiedergabe lag ein hoher künstlerischer Reiz.

Kann ich dafür, dass mir die Tränen kamen?

Übererregung durch Ermüdung, sagte mein Verstand – aber mein Herz wusste es besser.

Zwischenspiel

Hier füge ich einige Briefe des Grafen bei, die er mir in dieser Zeit schrieb. Sie sind sehr aufschlussreich für alles, was später geschah – und auch für meine eigenen Entschlüsse.

„Cher ami,

Ihr letzter Brief erreichte mich an verabredeter Stelle in Paris, als ich aus England zurückkam. Nehmen Sie meinen herzlichsten Dank. Ich freue mich, Sie alle bei bester Gesundheit zu wissen und beneide Sie aufrichtig um die köstliche Ruhe und Zurückgezogenheit Ihres Lebens, während das meine von Tag zu Tag wechselvoller und turbulenter wird.

Für einen weniger sensiblen Menschen macht dieses Land und seine Bewohner den Eindruck friedlichen Dahinlebens wie immer, für den feiner

Empfindenden aber gleicht es einem Ozean, unter dessen ruhig daliegender Oberfläche in der Tiefe ein unheilvoller Vulkan leise und unheimlich brodelt. Blasen erhitzter Gase steigen hier und dort an die Oberfläche, Unheil verkündend, und von Zeit zu Zeit glaubt man, aus der Tiefe herauf leisen Donner zu vernehmen.

Wer Gelegenheit hat, mit dem Volke so zusammenzukommen, an seinen Gesprächen teilzunehmen, die in den Hinterstuben der kleinen Dorfwirtshäuser leise getuschelt werden, würde entsetzt sein über das, was er dort zu hören bekäme. Es scheint bereits eine wohlorganisierte Bewegung zu geben, die, nach außen getarnt, überall das Volk aufhetzt und die erregten Gemüter bereits zum Sieden erhitzt hat.

Weder der Hof noch der Adel, die reiche Kaufmannschaft oder die vielen vom König eingesetzten Beamten scheinen auf dieses unterirdische Grollen zu hören oder auch nur so viel Notiz davon zu nehmen, dass sie sich einmal die Mühe machten, durch ein paar Spitzel zu erforschen, ob etwas Wahres dahintersteckt, oder wenigstens hinzuhören, wenn einmal irgendein Unzufriedener aus diesen Kreisen versucht, der Obrigkeit etwas davon mitzuteilen und sei es auch nur, um einen kleinen Judaslohn dafür einzustecken.

Was aber hier unterirdisch entsteht, ist mit ein paar belanglosen Worten ebensowenig wieder aus dem Wege zu räumen, wie es durch offene Gewalt möglich wäre. *Dazu ist es zu spät!*

Wer Wind sät – wird Sturm ernten!

Und es ist schwer genug für uns Wenige, die Dinge so nüchtern zu sehen, wie sie gesehen werden müssen, jetzt noch das zu tun, was für uns zu tun übrig bleibt, um diesen Sturm, der Frankreich entwurzeln wird, nicht zu einem Orkan anwachsen zu lassen, der aus ganz Europa eine Wüste macht und alles vernichtet, was vor ihm an Schönem und Gutem geschaffen wurde.

Durch unermüdlich aufklärende Arbeit ist es uns gelungen, wenigstens einen kleinen, doch ständig wachsenden Teil von Menschen, die man mit Recht als die zur Zeit lebenden Träger der herrlichen alten Kultur Frankreichs bezeichnen kann, von dem kommenden Unheil so weit zu überzeugen, dass sie beginnen, wenigstens das, was sie selbst an transportablen Kostbarkeiten besitzen, ins nahe Ausland zu schaffen.

Da aber der König sogleich nach seinem Regierungsantritt alle Grenzen sorgfältig überwachen lässt, damit ja kein Stück ihm entschlüpfe, das er auf den Rat seiner für ihn besorgten Minister vielleicht selbst einmal als Unterpfand zur Auffrischung seiner verschwenderisch verschleuderten Mittel gebrauchen könnte, muss alles heimlich geschehen.

Es ist für diese ganze Aktion ein besonders günstiger Zufall, dass wir in Lord ... einen Mann gefunden haben, der unter Zuhilfenahme seiner eigenen großen Mittel einen „Geheimexport" ins Leben gerufen hat, dessen Organisation, wenn er mir strahlend über seine Erfolge erzählt, mich immer wieder erstaunen lässt. Bei diesen Dingen spiele ich nur den Mittler und versuche, die von uns ausgesuchten Personen aus allen Kreisen von der Notwendigkeit unseres Tuns so lange zu überzeugen, bis sie seinen Nutzen einsehen und sich anschließen.

Hierbei habe ich leider feststellen müssen, wie gutgläubig, ja oft ahnungslos bis zur Dummheit diese doch hochgebildeten Menschen ihrer nächsten Umwelt, in der sie täglich leben, gegenüberstehen. Wie oft begegnen meine ernst gemeinten Worte nur einem ungläubigen Lächeln. Nicht selten wurde mir gesagt: ‚Wenn Sie es nicht wären, lieber Graf, der mir dieses alles erzählte, würde ich denken müssen, dass es in Ihrem Kopfe nicht mehr richtig dahergehe und ob es nicht besser wäre, Sie der Öffentlichkeit durch Unterbringung an einem Orte zu entziehen, in der Sie mit diesen Reden, die fast alle direkte Beleidigungen gegen unser geliebtes Königshaus enthalten, keinen Unfug anrichten können.‘

Wie muss ich diese kurzsichtigen armen Menschen bedauern, die in nächster Zeit nicht nur ihr ganzes Hab und Gut, sondern auch ihr Leben ihrer Sturheit werden opfern müssen.

Hören Sie aber weiter, damit Sie, lieber Freund, sich ein rechtes Bild machen können, wie es hier in Wirklichkeit aussieht.

Dieser Geheimexport wertvollster Dinge ist natürlich nur der Anfang. Die Hauptsache bleibt der rechtzeitige Abtransport aller Einsichtigen und Beteiligten, einschließlich ihrer Familien. Das alles setzt bereits ein und muss mit größter Heimlichkeit geschehen. Noch gibt es die Möglichkeit, sich einen Auslandspass zu erwerben, besonders wenn wir in der richtigen Weise nachhelfen. Aber auch diese Verhältnisse können mit einem Schlage andere werden. Und sie werden es an dem Tage, an dem in Paris der Pöbel auf die Straße geht, jener Abschaum der Menschheit, den es in allen großen Städten gibt und der versuchen wird, alle Ordnung über den Haufen zu werfen, um dann ungestraft für sich zusammenzuraffen, was er bisher nicht besaß, und glaubt, sich hierdurch bessere Tage verschaffen zu können.

Alles hierfür ist organisiert! Wer Paris, aber auch die anderen großen Städte, ebenso wie seine Güter und Schlösser rechtzeitig verlässt, kann wohlgetarnt die Küste erreichen und findet hier bald Gelegenheit zu einer Überfahrt nach England, wo wir weiter für ihn sorgen werden.

Merken Sie sich folgendes: Das Abbild einer kleinen Blume (eine blaue Ranunkel) oder eine Nadel mit einem gelben Knopf ist das Abzeichen aller, die mit uns im Bunde sind. Jedem, der es Ihnen zeigt, können Sie unbedingt vertrauen, ihn um Hilfe bitten, andererseits ihm helfen, je nach der gegebenen Situation.

Vor wenigen Tagen sah ich die Geschwister Bonnard in Paris. Der Bruder gehört auch leider zu denen, die sich immer noch nicht entschließen können, die geliebte Stadt zu verlassen. Ich kann es verstehen. Das Schwesterchen blüht immer mehr zu einer lieblichen Rose auf. Sie ist einsichtiger, will aber ihren Bruder, für den sie ja mütterlich sorgt, nicht verlassen. Aber machen Sie sich keine Sorgen. Ich halte meine Hand über sie. Und das ist ein Wort, das bei meinen außerordentlich vielen Beziehungen zu Hoch und Niedrig, Freund und Feind, ohne mich dessen rühmen zu wollen, einen Wert hat, der bestimmt nicht zu verachten ist.

Grüßen Sie bitte Ihren Freund Bruder Martin recht herzlich von mir. Ich bin ihm ebenso zugetan wie Ihnen.

Rosae in cruce florescant!

Ihr

St. G."

Längere Zeit hörte ich nichts mehr vom Grafen, bis eines Tages wieder ein Brief von ihm eintraf. Er wurde mir von einem Reiter übergeben, der die elegante Uniform der Kuriere Ludwigs XVI. trug und sich als Lieutenant de Baligny – dem Namen einer alten Adelsfamilie – vorstellte. Leider musste er nach einem kurzen Aufenthalt wieder aufbrechen, da er wichtige Briefe an den sächsischen Hof bringen und von dort nach Österreich weiterreisen wollte. Immerhin war er einige Stunden mein Gast.

Bruder Martin, der wie immer meine Gäste förmlich wittert, kam „zufällig" zur rechten Zeit, und so ließen wir uns von den Verhältnissen jenseits des Rheines so ausführlich berichten, wie es in der kurzen Zeit möglich war.

Was wir hörten, war wenig erbaulich und unterstrich nur, was der Graf mir früher schrieb. In

Frankreich bereitete sich etwas vor, dessen Ausmaße kein Mensch übersehen konnte.

Der sehr sympathische Offizier gehörte zu den engeren Vertrauten des Grafen. Er zeigte uns die kleine Anstecknadel mit der vierblättrigen blauen Blüte der Ranunkel und erzählte, dass St. Germain selbst und sein engerer Kreis trotz aller Recherchen und heimlichen Nachforschungen nicht ganz genau sagen konnte, wann das Unheil eines Tages hervorbrechen würde, wie die Lava eines überschäumenden Vulkanes.

Auch er war des Lobes voll für die so erfolgreich angelaufene Aktion zur Rettung aller, die sich dieser Bewegung angeschlossen hatten. Zahlreiche Familien und kostbares Gut waren bereits in England eingetroffen und auch in den anderen Grenzländern. Leider wurden alle Bemühungen in der letzten Zeit durch die Maßnahmen des Königs fast bis zum Stillstand erschwert, so dass der illegale Weg von Tag zu Tag weiter ausgebaut wurde. Das Vertrauen zum Grafen und seinem magischen Wissen, das er sicher in Zeiten der Not anwenden würde, war grenzenlos, ebenso wie die feste Zuversicht, jeden Verräter zu packen, bevor er seine ruchlose Tat ausführen konnte.

Dieses und vieles andere erzählte der Offizier, bis er wieder auf sein Pferd stieg, um seine Weiterreise anzutreten.

Der Graf schrieb folgendes:

„Cher ami,

eine Reise des Lieutenants de Baligny, einer der vertrautesten Kuriere des Königs, nach Sachsen – also praktisch an Ihrer Haustür vorbei – lässt mich die Gelegenheit wahrnehmen, Ihnen einige Zeilen zu schreiben. B. wird Ihnen einiges erzählen über den Fortlauf der Dinge hier, über unsere Arbeit, die Schwierigkeiten, die sich uns immer stärker entgegentürmen und unsere Maßnahmen, mit denen wir sie zu überwinden hoffen. So kann ich mir hierüber einen Bericht ersparen und sogleich zu den Dingen übergehen, die zwar in einer anderen Richtung liegen, mich aber fast noch mehr bewegen als das, was sich unter der blauen Blüte der Ranunkel abspielt.

Immer mehr tauchte in letzter Zeit der Gedanke in mir auf, ob man die bald hereinbrechende Katastrophe, die auch die königliche Familie mit in den Abgrund reissen würde, nicht wenigstens in dieser Richtung ein wenig mildern könne, und ich beschloss, dem König jene Chance zu bieten, die bereits vielen seiner Untertanen das Leben gerettet hatte. Ich wollte versuchen, ihn in einer persönlichen Audienz zu sprechen und – aufzuklären. Ein Unterfangen, das, schon bevor noch die ersten Schritte getan sind, fast aussichtslos erschien. Denn mit fast hundertprozentiger Gewissheit sagte ich mir schon vorher, dass, selbst wenn der schwierige Versuch gelänge, eine Audienz bewilligt zu bekommen, alles an der geistigen Schwerfälligkeit des Monarchen – so will ich mich hier in respektvoller Verkleinerung ausdrücken – scheitern würde. Ich war sicher, dass er die Möglichkeit, seine geheiligte Persönlichkeit anzutasten, als Blasphemie verlachen würde.

Der offizielle Weg zu ihm war unmöglich. Viel zu viel Zeit ginge verloren. So ging ich den Weg aller, die zum König gelangen wollten, den Weg über irgendeine Frau, die am Hofe in der Umgebung des königlichen Paares eine Tätigkeit versah, die sie täglich mit den hohen Herrschaften in Verbindung brachte.

So wandte ich mich an eine sehr kluge und gewandte Frau, die Gattin des Grafen d'Adhémar, ihres zweiten Gemahls. Sie ist eine der Hofdamen Marie Antoinettes und gehört wegen ihrer hervorragenden geistigen Eigenschaften zu ihren intimsten Vertrauten. Ich kenne die Gräfin seit Jahren. Bei meinen Aufenthalten in Paris habe ich sie oft besucht und vieles Wichtige erfahren.

Ohne Schwierigkeiten gelang es mir, sie aufzusuchen. Ich wählte für diese Zeit die sonst ungewöhnliche achte Morgenstunde eines Sonntags. Aber ich wusste, dass diese Zeit für mich günstig war, da die Gräfin bald darauf zur Messe fahren würde.

Nach einigen einleitenden Worten steuerte ich geradenwegs auf mein Ziel los, mir beim König eine Audienz zu erwirken.

Die Gräfin jedoch, die sich hiervon keinen Erfolg versprach, schlug mir vor, mich an den Comte de Maurepas zu wenden, der sehr großen Einfluss auf den König habe. Gerade dieser Weg aber war für mich unmöglich. Der Comte de Maurepas hasste mich, weil ich ihn bei Marie Antoinette lächerlich gemacht hatte; er würde mir nie verzeihen.

Ich schlug daher vor, mir dann wenigstens eine Audienz bei der Königin zu vermitteln. Ihr wollte ich die Gefahr, in der das königliche Haus schwebte, so eindringlich schildern, dass sie mich zum König bringen würde.

Alles schien gut zu gehen, denn bereits am nächsten Tage stand ich vor Ihrer Majestät.

Ich möchte Ihnen, lieber Freund, das Folgende ein wenig genauer erzählen, weil es ausschlaggebend für alles war, was kommen musste, und Sie bitten, diesen Brief sorgfältig mit allen anderen aufzubewahren, da sie später einmal wichtige Dokumente für mich darstellen.

Mit eindringlichen Worten begann ich, der Königin die augenblickliche Lage klarzustellen. Ich sagte ihr, dass eine neue Partei im Begriffe wäre, sich zu bilden, die die Regierung stürzen wolle. Als nach außen hin führende Persönlichkeit sollte ein Mitglied der königlichen Familie vorgeschoben werden. Hierfür hatte man den Herzog von Chartres vorgesehen.

‚Dieser Fürst', sagte ich, ‚wird als Werkzeug Menschen dienen, die ihn opfern werden, wenn er nicht mehr nützlich ist. Man wird ihm die französische Krone anbieten, aber er wird auf dem Schafott enden.

Dann aber werden die Gesetze nicht mehr der Schutz der Wohlgesinnten und der Schrecken der Bösen sein. Letztere werden mit blutbefleckten Händen die Macht ergreifen, die katholische Regierung abschaffen, den Adel und –'

Hier unterbrach mich die hohe Frau: ‚Dann wird also nur noch das Königtum bestehen bleiben.‘

‚Nicht einmal das Königtum – sondern eine gierige Republik, deren Zepter das Beil des Henkers sein wird!‘ Ich hatte diese Worte in großer Erregung gesagt, wusste ich doch, was in diesem Augenblick auf dem Spiel stand. Jedes Wort war ein Schlag, der den Ball des Schicksals in die richtige oder falsche Bahn lenken musste!

‚Ich bin in Verzweiflung, Majestät‘, fuhr ich fort, ‚aber es geht mir, wie es einst Kassandra ging. Sie sagte den Untergang Trojas voraus und niemand hat ihr Glauben geschenkt. Wenn der Bruderkrieg mit all seinen Schrecken, der Plünderung und den Tausenden von Morden ausgebrochen ist, wird man mich vielleicht wieder rufen wollen, aber dann ist es zu spät – der Sturm wird alles mit sich gerissen haben.‘

Meine Worte hatten die Königin tief berührt und sie fragte mich, was sie für mich tun könne. Ich bat sie dringend um eine Audienz beim König, ohne Mitwirkung des Comte de Maurepas. Sie versprach, es zu versuchen.

Damit waren wir entlassen.

Meine Hoffnung war nicht sehr groß. Ich sagte der Gräfin auf dem Rückwege, dass ich Frankreich bereits in den nächsten Tagen verlassen würde, und fuhr dann fort: ‚Ich weiß, was geschieht. Wenn die Königin dem König alles erzählt hat, wird er es natürlich sofort Maurepas berichten, dieser einen Haftbefehl gegen mich erlassen, und der Polizeistatthalter, der sein Freund ist, wird ihn mit Vergnügen vollziehen. Ich habe aber keine Lust, in die Bastille zu wandern.'

Gräfin d'Adhémar schien das nicht ernst zu nehmen. ‚Um dann sofort wieder durch das Schlüsselloch zu entweichen', sagte sie freundlich.

Die Dinge nahmen aber doch einen schnelleren Verlauf als ich dachte. Wenige Stunden später bekam ich bereits von meiner liebenswürdigen Helferin, der ich meinen Aufenthalt mitgeteilt hatte, ein Billet. Sie war zur Königin gebeten worden und traf dort ganz überraschend den König. Dieser hatte bereits mit Maurepas gesprochen und wartete nur noch auf dessen Zustimmung, um mich dann sofort zu sich zu bitten. Ich überlegte – Maurepas würde jetzt wahrscheinlich so schnell wie möglich zur Gräfin d'Adhémar fahren, um dort Näheres über mich zu erfragen. Das war eine Gelegenheit, ihn an einer Stelle zu überraschen, an der er keine Wachen zu meiner Verhaftung herbeirufen konnte.

Ich hatte mich nicht verrechnet. Den Comte fand ich in eifrigem Gespräch mit der Gräfin, als ich überraschend bei ihr eintrat.

Es war eine gute Gelegenheit, ihm ohne alle Sentiments endlich einmal meine Meinung zu sagen.

‚Comte de Maurepas', begann ich nach einer kurzen Entschuldigung für mein unerwartetes Eindringen, ‚leider muss ich erneut feststellen, dass der König an Ihnen einen völlig unfähigen Berater hat. Anstatt ihm Ratschläge zu erteilen, die ihm in seiner augenblicklich sehr schwierigen Lage helfen könnten, denken Sie nur daran, Ihre eigene Autorität wieder zu festigen. Sie haben den König überredet, mich nicht anzuhören, und hierdurch zum Untergange der Monarchie beigetragen. Denn wenn der König mich vorlassen und meinen Ratschlägen folgen würde, bestände wenigstens auch jetzt noch – allerdings im allerletzten Augenblicke – die Möglichkeit, das Unheil abzuwenden, das nun über Frankreich hereinbrechen wird. Ich werde dann nicht mehr hier sein und Frankreich wird mich nicht wiedersehen, bis drei Generationen ins Grab gesunken sind. Ich brauche mir keine Vorwürfe zu machen, nicht alles getan zu haben, um Frankreich zu retten. Sie werden das Unheil nicht mehr erleben. Aber man wird nicht vergessen, dass Sie ihm Vorschub geleistet haben und Ihr Name wird in aller Zukunft einen üblen Beigeschmack haben. Sie werden als frivoler und unfähiger Minister in die Zahl derer eingereiht werden, die Frankreich zu Grunde richteten.‘

Nach diesen Worten verließ ich, mich schnell vor der Gräfin verbeugend, das Zimmer. Im Vorraum standen vier Leute, die entgegen den Gesetzen der Höflichkeit und des Vertrauens sicher Kumpane des Comte waren. Schnell sprach ich eine Formel, die ein alter Zauberer im Inneren Afrikas mich gelehrt hatte, und ohne dass mich die vier beachteten, schritt ich zwischen ihnen hindurch. – Damit ist meine Mission dem Königshause gegenüber erfüllt und abgeschlossen. Es bleibt noch genug anderes zu tun.

Kürzlich machte ich einen Besuch bei dem Kapitän Guillotine. Er zeigte mir das fertige Modell einer Maschine, ähnlich derjenigen auf der Marionettenbühne Nemos. Sie war technisch vervollkommnet und gestattet es, in kürzester Zeit eine beliebig große Anzahl von Menschen mit automatischer Präzision zu köpfen.

‚Ich habe diese Maschine konstruiert', sagte der Kapitän nicht ohne Stolz, ‚um allen, denen ich ja doch niemals werde helfen können, ein schmerzloses und schnelles Ende zu garantieren, ohne sie der Willkür oder auch nur der Ungeschicklichkeit ihrer Henker überlassen zu müssen. Das klingt grausam, aber Sie werden sehen, dass ich recht behalte, Graf, und das Mitleid mit den armen Opfern war das einzige Motiv zu meiner Konstruktion.'

Mit äußerster Aufmerksamkeit verfolge ich jedes Geschehen.

Aber ich bin trotz meiner Bemühungen nicht allwissend, und größte Anstrengung ist nötig, um als einer der unsichtbaren Gegenspieler so viele Menschen als nur irgend möglich aus dem Chaos zu retten, dessen Wogen nun bald über dem armen Frankreich zusammenschlagen.

Seien Sie immer der festen Überzeugung, dass Sie im Notfalle stets rechtzeitig Nachricht von mir erhalten.

R. i. c. f.

Ihr

St. G."

Woche reihte sich an Woche, Monat an Monat und der Plan, mit dem ich immer spielte, im nächsten Spätsommer nach Paris zu reisen, rückte in größere Ferne.

Martin war in dieser Zeit ein rührender Freund. Oft unterbrach ich unsere Gespräche über alchimistische Probleme durch Schilderungen und noch genauere Berichte meiner Erlebnisse. Ich wusste das selbst und bat um Entschuldigung. Er lächelte nur: „Du bist verliebt – das entschuldigt alles."

„Ich verliebt? Keine Spur! Nur Sehnsucht habe ich nach Paris und nach den Menschen dort. Es war alles so kurz und doch so stark, so voll Leben, so ganz anders als hier – wir vegetieren ja hier, wir leben nicht!" rief ich in großer Erregung.

„Aber Lieber, warst du nicht vor deiner Reise ganz zufrieden mit diesem Leben hier?"

„Gewiss – und ich bin es auch noch."

„Trotz des Vegetierens?"

„Verwirre mich nicht. So ist das nicht gemeint."

„Wie sonst? Der rote Löwe kocht über, der Pelikan hat ihn gebissen, das ist es".

„Nenne es, wie du willst. Ich werde auch wieder vernünftig werden. Ich meine nur, es ist plötzlich in mein Leben etwas eingebrochen, was ganz unerwartet kam. Es ging alles viel zu schnell. Ich hätte überall ein wenig länger verweilen müssen."

„Oder auch nicht. Weiß der Graf von den Geschwistern?"

„Jawohl, ich habe ihm sogleich meine Begegnung geschildert."

„Das ist gut. Er hat mehr Einfluss, als wir alle ahnen, und nicht nur das. Er würde sofort wissen, wenn sie in Gefahr sind und ihnen helfen oder sie wenigstens beraten.“

„Das hoffe ich auch. Nur mit diesen Gefühlen kann ich überhaupt hier arbeiten.“

„Beatus! Beatus! Vielleicht bist du gar nicht verliebt!“

„Das sagte ich ja!“

„Du liebst!“

„Martin, scherze nicht. Ich weiß es selber nicht.“

„Mach dir keine Sorgen. Man schluckt jede Medizin besser, wenn man sie vorher kostet.“

„Ist das denn alles Medizin?“

„Sicher – alles ist Medizin, denn irgendwie soll uns jedes Erleben heilsam sein.“

So gingen unsere Gespräche hin und her. Martin verstand es stets, mit seiner überlegenen Dialektik und seiner klaren, oft leicht ironischen, aber stets gut gemeinten Art zu reden, mich die Dinge so schauen zu lassen, dass ich nichts Unüberlegtes tat, was ich später hätte bereuen müssen.

Dann aber stürzte sich das unglückliche Frankreich selbst in ein Inferno, wie es keines Menschen Phantasie je gedacht. Der Sturm auf die Bastille war der erste Trommelschlag des Tambours, der dem Tode voranging und eine blau-weiß-rote Kokarde trug.

Als ein Jahr später auf dem Marsfelde das große Verbrüderungsfest gefeiert wurde, an dem eine halbe Million Menschen teilnahm, glaubte ich, nun bald reisen zu können. Ein Brief des Grafen riet mir ab. Er hatte nur zu sehr Recht. Der König machte einen vergeblichen Fluchtversuch und war fortan der Gefangene der Nationalversammlung. Es kam alles, wie es kommen musste. Es folgte der Sturm auf die Tuilerien, dem Aufenthaltsort der königlichen Familie, die Überführung in den Temple, ein uraltes festungsähnliches Gebäude, und dann begannen die Septembermorde an den vielen inzwischen gefangen genommenen „Royalisten und Verrätern".

Dem König wurde der Prozess gemacht, und als erster von Tausenden legte er am 21. Januar 1793 das Haupt unter die „Guillotine".

So stand es in den Briefen Bonnards, die mich mit immer größeren Pausen erreichten. Meist schrieb er mit großer Offenheit über alle Mitspieler dieser ungeheuerlichen Tragödie der Selbstzerfleischung. Er machte dem König heftige Vorwürfe wegen seines Zauderns. Er höhnte über die Masse der Bürger, die sich feige von einer kleinen Anzahl Schreier übertölpeln ließen. Und er verachtete mit heftigen Worten Spieler und Gegenspieler, denen er vorwarf, dass kein einziger von ihnen wirklich aus uneigennütziger reiner Überzeugung handele.

Es war schwer, sich aus seinen oft nur kurzen Andeutungen ein rechtes Bild zu machen. Aber die

Ruhe meines Herzens war endgültig dahin, als in einem Briefe die Worte standen: Sie verhaften alles, was ihnen irgendwie verdächtig erscheint.

Mein Entschluss stand fest, sofort nach Paris zu fahren, mich mit dem Grafen in Verbindung zu setzen und die Geschwister mit seiner Hilfe über den Rhein zu bringen.

Ich sprach zuerst mit Martin über meinen Entschluss und dann mit dem Fürsten. Beiden erschien mein Vorhaben unter den obwaltenden Umständen gerechtfertigt.

Begleitet von ihren Segenswünschen reiste ich, die schnellste Post benutzend, ab. Der Fürst überreichte mir beim Abschied eine Summe für meine persönlichen Zwecke, die mich erröten machte. „Nehmen Sie nur, Beatus,“, sagte er lächelnd, „Sie werden drüben mehr brauchen als Sie jetzt einkalkulieren.“

„Allons enfants ...!“

Als ich in Straßburg ausstieg, übergab mir der Besitzer des schönen alten Hotels einen Brief des Grafen. Ich war zuerst erstaunt, denn wie konnte er wissen, dass ich jetzt schon hier eintraf. Hatte ich ihm doch erst kurz vor meiner Abreise geschrieben und mein Brief konnte ihn noch nicht erreicht haben. Der Graf schrieb:

„Mein lieber Freund, es gehört wohl kaum die Gabe des Somnambulismus dazu, um zu wissen, dass Sie über lang oder kurz versuchen werden, nach Paris zu kommen, um Ihren Freunden zu helfen. Auch zeigt mir die Rute, dass Sie bereits im

Geiste schon aufgebrochen sind. Ich beeile mich daher, damit dieser Brief Sie noch an der Grenze erreicht. Bitte berücksichtigen Sie einige Ratschläge, die Ihnen nützlich sein werden.

Vermeiden Sie äußerlich alles, was auf eine Zugehörigkeit zu einer höheren Gesellschaftsklasse hinweisen könnte. Monsieur Lefêvre, Ihr liebenswürdiger Wirt – hier waren wieder im Text die Buchstaben e, d, u ganz fein punktiert –, wird Sie mit passender Kleidung versorgen. Führen Sie bitte in einer einfachen Reisetasche nur das Notwendigste mit, es werden wohl einige neugierige Nasen hineinschauen. Beiliegende kleine Nadel tragen Sie bitte stets bei sich und zeigen Sie sie unauffällig, wenn Ihnen Gefahr droht oder Sie Hilfe suchen. Steigen Sie in Paris bei M. B. B. ab (Sie haben doch noch die alte Liste?). Gott schütze Sie. Auf Wiedersehen in Paris!

Ihr

St. G."

Wieder saß ich beschämt da. Alles bedachte und überlegte dieser außerordentliche Mann und das doch nicht nur für mich. Wie vielen wird er jetzt wohl Ratgeber und Retter in diesen dunklen Tagen.

In der einfachen Tracht eines Bürgers, nur bewaffnet mit einer riesigen alten Reisetasche mit einem großen runden Bügel und bestickt mit tausenden von kleinen Glasperlen fuhr ich weiter. Unter dem Rockaufschlag trug ich die Nadel. Sie zeigte nichts als eine kleine gelbe Kugel, so dass sie niemandem auffallen konnte. Alle Postwagen, die mir entgegenkamen, waren überfüllt und begleitet von zahlreichen anderen Fuhren, die zum Rhein strebten. Mancher brachte sich und seine Habe noch in Sicherheit, während viele Tausende, alle Gerüchte verachtend, nicht von ihrer alten Lebensweise lassen wollten und in ihrem Optimismus, dass „alles nicht so schlimm sei“, in ihren Schlössern oder feudalen Wohnungen blieben, bis es zu spät war. Gewiss hatten viele hundertfach verdient, was ihnen bevorstand. Daneben aber mussten ebenso viele oder noch viel mehr „die große Reinigung“ völlig unschuldig mit ihrem Leben bezahlen.

Zuletzt fast ganz allein reisend, kam ich unbehelligt in Paris an. Einige Male wurden meine Sachen durchsucht. Aber ich trug ein Schreiben des Bürgermeisters von Straßburg bei mir, dass Mr. Kopin, zur Zeit Gemischtwarenhändler, in dringenden Geschäften nach Paris reisen musste.

Es dunkelte schon, als die Postkutsche durch die schlecht gepflasterten Straßen der Pariser Vororte rumpelte. Je näher ich der Stadt kam, um so größer wurde meine Unruhe. Alles, was ich während der Aufenthalte hörte, war nicht dazu angetan, mich zu beruhigen. Die Guillotine war in Dauerfunktion getreten.

Bei M. B. B. bewährte sich zum ersten Mal die Zauberwirkung des gelben Knopfes. Ohne ihn hätte er mich nicht aufgenommen. „Kein Mensch ist heute seines Kopfes sicher“, sagte er, als er wusste, dass er mir vertrauen konnte. „Niemals glaubt man dem Angeklagten, immer nur dem Denunzianten. Ein falscher Zeuge genügt und –", er machte mit der flachen Hand eine schnelle Bewegung nach unten.

Ich musste an Bonnard denken, und es durchschauerte mich.

Sofort eilte ich zu ihnen. In aller Hast lief ich die steilen Treppen empor. Aber soviel ich auch pochte, niemand öffnete. Vielleicht waren beide fortgegangen, um irgendwelche Besorgung zu machen, versuchte ich meine Angst zu belügen. Ich wollte bei einigen Bewohnern anfragen, doch niemand öffnete. Kein Wunder in einer Zeit, in der nur verabredete Zeichen Gehör fanden. Ich hatte so bestimmt gehofft, Bonnards zu finden, so dass ich völlig mutlos wurde.

Planlos ging ich durch die Straßen. Die Sonne stand schon tief am Himmel, die Häuser warfen lange Schatten. Es musste bald dunkel werden. Eine tiefe Traurigkeit bemächtigte sich meiner, und eine helle Angst fragte immer wieder, ob ich nicht doch zu spät gekommen sei. Ich fasste noch den Entschluss, den Antiquar aufzusuchen, als in der Ferne dumpfe Trommeln klangen. Dann schien es, als johlte eine Menschenmenge zügellos auf. Das wiederholte sich in regelmäßigen Abständen. Unbewusst lenkte ich meine Schritte dorthin.

Plötzlich lag ein weiter Platz vor mir. Eine große Menschenmenge stand um ein hohes Gerüst herum, auf dem einige Männer hantierten. Mein Herz setzte aus vor Entsetzen über das, was ich nun sah.

Vor mir stand in riesiger Vergrösserung das Mordwerkzeug, das ich auf Baron Nemos Marionettenbühne gesehen hatte. Oben hing ein Beil, gleißend von der sinkenden Sonne beleuchtet. Plötzlich sauste es herunter. Die Trommeln wirbelten. Es gab einen dumpfen Klang, den ich nie im Leben vergaß. Ein Mensch, eng in ein rotes Gewand gehüllt, hob einen Kopf empor und rief einen Namen. Die Menge jauchzte trunken auf. Das blinkende Messer stieg langsam empor. Ich versuchte, mich zu fassen, schon um nicht aufzufallen.

Wieder der dumpfe Ton, wieder hob der rote Mensch ein Haupt empor. Es war bleich und lächelte verächtlich.

„Bürger Gaspard“, rief der Henker.

Ein Schrei ertönte in der Menge. Ich eilte hinzu, um zu helfen. Auf der Straße lag ohnmächtig – Héloise. Ich wusste es – hatte ich dieses doch alles schon einmal erlebt! Bei Baron Nemo –

Mit Hilfe einiger Menschen trug ich Héloise in eine Nebengasse und dann in das Atelier. Den Schlüssel fand ich in ihrem Täschchen. Ich belohnte die Helfer. Zufällig bemerkte ich dabei, wie der eine dem anderen einen merkwürdigen Blick zuwarf und zwinkernd auf meine Hand deutete. – Ich hatte vergessen, meinen kostbaren Ring, ein Geschenk des Fürsten, abzuziehen. Dankend, aber sichtlich misstrauisch zogen sie ab.

Ich bettete Héloise auf das große Sofa im Atelier und machte im Ofen Feuer, um heisses Wasser zu machen. Sie schien zu sich zu kommen und stöhnte leise wie jemand, der etwas Schlechtes träumt. Ich trat auf sie zu und sah, dass sie zu einem jungen Mädchen erblüht war. Sah sie nicht aus wie ein Engel von Fra Angelico – durchzuckte mich ein Gedanke.

Dann war es mit meiner Fassung aus. Ich kniete nieder und küsste sie zart auf den Mund.

Langsam schlug sie die Augen auf, atmete ein paar Mal tief, drehte mir ihren Kopf zu und sah mich ganz ruhig an. Dann erst schien ihr alles klar zu werden. Sie legte ihren Arm um meinen Hals, zog mich dicht heran und sagte leise, während ihre Augen einen glücklichen Schimmer bekamen: „Oh, – Beatus – Beatus – nun ist alles gut."

„Héloise", sagte ich, „Geliebte, nun wird alles gut. Aber jetzt sei ganz still und ruhe ein wenig."

In der Küche fand ich eine Karaffe mit rotem Wein. Ich füllte zwei Gläser und fügte jedem zwei Tropfen des Elixiers zu, das wir mit Hilfe des Elfs hergestellt hatten. Stets führte ich eine kleine Phiole davon bei mir. Als Héloise ein paar Schluck getrunken hatte, richtete sie sich auf. Die Farbe des Lebens kehrte zurück und zugleich auch die Erinnerung.

„Hör mich an, Héloise", sagte ich, ehe noch der Schrecken an das Gesehene in ihr wieder wach wurde, „ich habe dasselbe gesehen wie du, es war nicht dein Bruder."

Tränen füllten ihre Augen. Verzweifelt rief sie: „Rief er nicht Bonnard?"

„Nein, Gaspard."

„Hast du das so genau gehört?"

„Ich habe es zweimal gehört."

„Zweimal? Wie soll ich das verstehen?"

Ich bat sie, mich ruhig anzuhören und erzählte von dem seltsamen Erlebnis bei Nemo. Sie saß still neben mir. Während ich sprach, hatte sie meine Hände gefasst und streichelte sie leise. „Ich weiß nicht, wie so etwas möglich ist, aber wenn du es sagst, muss es wohl wahr sein."

Sie berichtete, wie man ihren Bruder verhaftet hatte und wie sie bei seinem Todesurteil zugegen gewesen wäre. Merkwürdigerweise habe sie, als sie verzweifelt nach Hause gekommen sei, einen kleinen Zettel in der Tür gefunden mit den Worten: „Verzweifeln Sie nicht, ich werde alles tun, um ihn zu retten." Sie wusste nicht, wer die Zeilen geschrieben hatte. Jedoch sei etwas so Tröstliches von ihnen ausgegangen, beinahe wie der Duft einer Blume, dass sie den Zettel immer bei sich trüge. Sie zeigte ihn mir. Drei punktierte Buchstaben gaben mir die Sicherheit, dass der Graf den Zettel geschrieben hatte. Ich erzählte ihr von seinem großen Einfluss und so schöpfte sie neue Hoffnung.

Dann musste ich berichten, wie ich so plötzlich hierhergekommen war. Und sie konnte nicht genug hören, wie es mir ergangen war in der letzten Zeit, während der wir uns nicht gesehen hatten. Plötzlich wurde sie ganz ernst: „Beatus, ich habe immer auf diesen Tag gewartet."

„Aber Héloise, du warst doch damals noch ein Kind, als du mich zum ersten Mal sahst."

„Liebster, die Minute, in der ich dich sah, war die letzte meiner Kindheit –"

„Und mein Herz schlug zum ersten Mal schneller, als du damals beim Abschied die Worte wiederholtest – quelques semaines –“

„Das weißt du noch?“

„Ich habe sie oft im Geiste gehört! – Liebste, was soll jetzt werden?“

Ein Lächeln ging über ihre Züge, fein und schnell vergehend wie das Kräuseln eines stillen Waldsees, wenn der Hauch des Abendwindes über ihn dahinfährt. „Es geht wieder gut, darum geh jetzt und komme morgen recht bald wieder.“

Wie berauscht ging ich, von niemandem behelligt, durch die jetzt still daliegenden Straßen. Trotz aller Erlebnisse dieses Tages umfing mich bald, wohl infolge des guten Einflusses des Elixiers, ein wohltuender und traumloser Schlaf.

Der Elf winkt!

Als ich am andern Tage, vom tiefen Schlaf erfrischt, das Atelier betreten wollte, fand ich die Tür nur leicht angelehnt. Nichts Gutes ahnend, trat ich ein. Voll Ungeduld ging ich im Atelier auf und ab, dann durch die ganze Wohnung und wieder zurück.

Als ich an das große Fenster trat, sah ich auf dem schmalen Brett davor eine Tasse stehen. Es fiel mir auf, weil ich wusste, wie ordentlich beide Geschwister waren. Als ich sie näher betrachtete, fand ich unter ihr einen kleinen Zettel.

„Einzig Geliebter – sie holen mich nun auch. Ich habe keine Angst, denn so habe ich Gelegenheit, Robert zu finden. Ich hatte einen seltsamen Traum. Genaues weiß ich nicht mehr. Ein wunderbares Wesen kam darin vor. Es war klein und zierlich und hatte einen blauen Helm auf dem Kopfe. So stellte ich mir Elfen vor, die uns Menschen lieben und helfen wollen. Der Elf sagte etwas von einer Bruderkette, zu der wir alle gehören, ich weiß es nicht mehr genau. Aber ich weiß nun, dass uns nichts mehr geschehen kann. Ich warte auf dich. Du wirst kommen, ehe es zu spät ist. Deine Héloise."

Also doch! Sicher hatten die zwei Kumpane, die mir geholfen hatten, eine Anzeige erstattet, um dafür ihren Judaslohn einzustecken. Zuerst stand ich wie erstarrt. Eine Woge voll Hass wollte in mir hochschlagen. Ich fühlte, wie sie in mir aufkochte. Fort – fort – zum Grafen, die Geschwister herausholen. Wenn nicht anders, dann mit Gewalt. Mit einigen verwegenen Kerlen würde es ein Leichtes sein, jeden Kerker zu öffnen. Oder mit Gold. Ich hatte ja genug vom Fürsten mitbekommen.

Wieder und wieder las ich den Brief – und merkwürdig, je öfter ich ihn las, desto ruhiger wurde ich.

Hinter mir klopfte es leise an die Tür. Fast erschrak ich. Aber auf mein „Herein" erschien eine rundliche ältere Matrone, von der eine freundliche Würde ausging. Sie begrüßte mich überaus höflich und entschuldigte sich, da sie hier eindränge. Aber sie habe mich schon die ganze Zeit über erwartet.

Sicher sei ich der Herr aus Deutschland, von dem die kleine Héloise ihr sofort erzählt habe und der ein Freund des großen berühmten Grafen sei. „Sie gestatten, dass ich mich setze", sagte sie, aber es lag kein Vorwurf in ihrer Stimme.

„Entschuldigen Sie", stammelte ich.

„Aber bitte, bitte", fiel sie mir ins Wort, „ich begreife in Ihrer Erregung vollkommen, dass Sie mir keinen Stuhl angeboten haben, es macht gar nichts. Bitte, nehmen auch Sie Platz, es spricht sich leichter so."

Sie hieß Madame Monnier und erzählte mir umständlich, wie Héloise am frühen Morgen plötzlich weinend zu ihr gekommen sei. Wie sie dann oben zwei Soldaten der neuen Bürgergarde getroffen habe, von der ihr aber der eine als Schneidergeselle bekannt war. Sie habe den beiden einen starken Kaffee gemacht und ihnen einen kleinen Likör kredenzt und sie so lange unterhalten, bis Héloise ihren Brief habe schreiben können.

Dabei hätten die beiden manches ausgeplaudert. Dass sie zum Beispiel Héloise zunächst ins Gefängnis der rue de Rhône abliefern sollten, wo sie auch ihren Bruder finden würde. Sie habe den beiden zuerst zwar zugeredet, Héloise nicht mitzunehmen und zu sagen, sie hätten sie nicht gefunden. Das hätten sich die beiden aber doch nicht getraut und auch ganz richtig bemerkt, dass dann am nächsten Tage sie oder andere doch wiederkommen müssten und Héloise bestimmt einmal gefunden hätten. Sie sei auch gar nicht erschüttert gewesen, sondern ganz willig und fast zufrieden mitgegangen. Sie habe sie herzlich geküsst und habe geflüstert: „Grüßen Sie mir Beatus herzlich." Dann habe sie noch gefragt, ob sie an Elfen glaube. Als sie vor Erstaunen über diese seltsame Frage nicht antworten konnte, habe Héloise beinahe fröhlich gesagt: „Aber ich!" und sei mit den Soldaten davongegangen, nicht als ob sie ins Gefängnis müsse, sondern zu einem Tanzvergnügen.

„Was sagen Sie dazu, mein Herr?" schloss sie ihre lange Erzählung, „ist sie nicht ein Kind? Fantasiert von Elfen, wenn man sie in ein Gefängnis führt, das fast alle nur wieder verlassen, um mit dem Scharfrichter Bekanntschaft zu machen."

Ich weiß heute nicht mehr, war es die mütterliche Ruhe, die – erhaben über das Geschehen da draußen – alles mit so heiterer Freundlichkeit übertrug, oder der Inhalt der Erzählung. Ich beugte mich und küsste ihre Hand, die sie mir mit freundlichem Lächeln überließ. Ich weiß ebensowenig, ob nicht einige Tränen der Rührung sie benetzten. Aber ich weiß, dass sie, die fremde Frau, die mich heute zum ersten Mal gesehen hatte, leise und zärtlich verhalten über meinen Kopf strich, als sie sagte: „Ich habe die kleine Héloise sehr lieb, mein Herr. Ich war Ihnen einmal böse, als ich erkannte, dass Sie sie mir später entführen würden. Aber heute bitte ich Sie – machen Sie Héloise glücklich – hören Sie, sehr, sehr glücklich."

Bald darauf stand ich in der großen Stube, die den Wächtern des Gefängnisses eingeräumt war. Besucher wurden nicht zugelassen, aber man durfte Verpflegung und allerlei kleine Dinge bringen. Vorsorglich hatte mir Madame Monnier einen großen Henkelkorb mitgegeben, und ich hatte tief unten ein kleines Schreiben verborgen. Die Nadel mit dem gelben Kopf hatte ich so gesteckt, dass jemand, der danach sucht, sie nicht übersehen konnte.

Zuerst fand ich nur mürrische Gesichter, in deren Obhut der Korb sicher nicht so wohl gefüllt bis zu den Geschwistern gelangt wäre. Dann aber wurde ein junger Bursche auf mich aufmerksam. Er bemühte sich sichtlich, den Auftrag auszuführen. Einmal lüftete er ein wenig den Uniformaufschlag. So konnte ich bei ihm den gleichen gelben Knopf entdecken. Erfreut gab ich ihm den Korb und legte einen kleinen wohlgefüllten Beutel hinein.

„Es ist nicht darum“, sagte er, auf ihn weisend.

„Ich weiß, und doch bitte ich Euch, ihn zu nehmen.“

Er bedankte sich, verschwand und kam nach einiger Zeit mit dem Korbe zurück. Unter der sorgfältig zusammengelegten Decke fand ich ein paar Zeilen von beiden, die zuversichtlich klangen.

Dann suchte ich den Grafen. Es war schwer, ihn zu finden, aber endlich gelang es mir.

So erfreut er über unser Wiedersehen war, die Verhaftung der Geschwister machte ihm Sorge. Das Gericht sei völlig unberechenbar, ebenso die Vollzugskommissare. Auf Freispruch sei kaum zu rechnen.

Die Wache bestechen sei unmöglich. Es seien zu viele, einer würde bestimmt alles verraten. „Ich will einen anderen Weg einschlagen“, sagte er, „aber die Vorbereitungen erfordern noch einige Zeit. Ich glaube bestimmt, dass er zum Ziele führt. Aber bitte, lieber Freund, um Ihrer eigenen Sicherheit willen, gehen Sie nicht mehr zu den Gefangenen. Keiner der Wachen darf Sie sehen. Bleiben Sie überhaupt so viel wie möglich im Hause. Gehen Sie auch nicht in das Atelier. Madame Monnier wird alles richtig und gut besorgen. Es wird noch eine schwere Zeit für Sie werden, aber wir müssen alles tun, damit wir uns diesen einzigen Weg, den ich noch sehe, nicht durch eigene Unvorsichtigkeit verbauen.“

Die Tage, die jetzt kamen, waren die schwersten meines Lebens. Ich hielt treulich Wort. Nur in den späten Abendstunden, wenn eine allgemeine Ermüdung über die ganze Stadt niedersank und niemand mehr sich um den anderen kümmerte, schlich ich zu Madame Monnier, um etwas Neues zu erfahren. Ich wusste, dass der Graf sein Versprechen halten würde. Aber, wie er ganz richtig gesagt hatte, seine dämonischen Gegenspieler schliefen auch nicht und versuchten, jede seiner Maßnahmen zu durchkreuzen.

Ich geriet aber doch in große Erregung, als Héloise mir eines Tages mit ein wenig zitternden Buchstaben schrieb: „Nun bin auch ich zum Tode verurteilt.“

Ich ermahnte sie, standhaft zu bleiben, schrieb von Vorbereitungen und sprach ihr Trost zu, den ich selbst so nötig brauchte.

Madame Monnier, ebenfalls mit der Nadel ausgerüstet, fand bald in der inzwischen gewechselten Wache einen neuen Vertrauten. Er versprach ihr bestimmt, sofort Nachricht zu geben, wenn die Geschwister vielleicht in ein anderes Gefängnis überführt würden. In ihrem jetzigen Gewahrsam waren sie verhältnismäßig sicher, da von dort aus direkt niemand zur Hinrichtung abgeholt wurde.

So vergingen fast zwei Wochen in Qual und Erwartung der kommenden Dinge. Dieses ständige „auf dem Sprung sein" neben dem ohnmächtigen Nichtstun, zu dem ich gezwungen, war eine entsetzliche Belastung der Nerven. Manchmal beschloss ich, mich selber zu stellen, aber wer garantierte, dass ich in das gleiche Gefängnis kam?

Endlich, als ich am Ende meiner Kräfte war, kam eine Nachricht vom Grafen: „Verpacken Sie das Lebensnotwendigste aus dem Besitz der Geschwister in einige gut tragbare Koffer, die bei Mad. M. untergestellt werden. Bleiben Sie von jetzt ab bei ihr. Die entscheidende Stunde kann jeden Augenblick schlagen. Gehen Sie mit niemandem fort, wer es auch sei – außer mit mir. Ihr G."

Ich führte seinen Befehl sofort aus, wobei mir Madame half. Aber noch zwei Tage und Nächte vergingen, ehe wir etwas hörten. Dann klopfte es in später Abendstunde an der Tür. Ein Soldat der Bürgergarde trat ein.

„Bürger Steinbeck, ich soll sie abholen!" Ich erhob mich und gab mir Mühe, jetzt nicht schwach zu werden. Oder sollte ich den Kerl einfach mit dem Terzerol, das ich stets bei mir trug, über den Haufen schießen?

Es war vorbei – wir hatten verspielt.

„Gehen wir", sagte ich und wollte mich von Madame Monnier verabschieden, die laut aufweinte.

Der Soldat streckte mir beide Hände entgegen – es war der Graf. Niemals hätte ich ihn erkannt. Nicht nur seine Kleidung, seine Haltung, die Art sich zu bewegen, ja, seine Gesichtszüge waren verändert und machten ihn völlig unkenntlich. „Bravo", sagte er, „das war die letzte Belastung. Jetzt bin ich sicher, dass Sie alles, was kommt, gut durchführen werden."

Kurze Zeit darauf erschien ein Oberst der Bürgergarde bei der Wache der Gefangenen. Da sein Rang zwei Grade höher war als der des wachthabenden Offiziers, war dieser sehr höflich zu ihm. Er brachte Ausweise mit über seine Person und seinen militärischen Rang und ein Schreiben der Präfektur. Dieses wies ihn an, den Bürger Bonnard und seine Schwester einiges zu befragen, da diese in eine Verschwörung verwickelt zu sein schienen. Der Offizier hatte keine Bedenken, ihn einzulassen, obwohl seine Instruktionen ihm streng befahlen, dass niemand, wer es auch sei, zu den Gefangenen dürfe, da sich zur Zeit einige besonders hochgestellte Personen im Gefängnis befanden und man mit allerlei Versuchen rechnen musste, sie zu befreien.

„Hätten Sie mir die beiden auch mitgegeben?" fragte der Oberst.

„In keinem Falle. Hier habe ich bindende Befehle.“

„Bravo, mein Lieber – ich werde Sie zur Beförderung vorschlagen. Übrigens, sollte mein Wagen vorfahren, mag er warten.“

Der so gelobte überglückliche Offizier begleitete den „Oberst“ bis zur Tür.

So gelangte ich viel schneller und einfacher, als ich gedacht hatte, zu den Gefangenen.

Gern würde ich eine Beschreibung über die Zustände geben, die ich dort vorfand, und über die völlige Beherrschtheit der Menschen, die mich keines Blickes würdigten, Schach spielten, ein Menuett einübten, lasen, handarbeiteten oder schliefen.

Héloise wäre mir fast um den Hals gefallen, als sie mich erkannte. Robert konnte sie gerade noch auffangen. „Die Erregung lässt sie taumeln, Herr Oberst“, sagte er schlagfertig und vieldeutig.

Wir fingierten eine kleine Befragung, zu der wir eine Tasse Tee einnahmen.

„Was jetzt auch kommt“, sagte ich, „zeigt keinerlei Erstaunen.“ Genau nach Geheiß schüttete ich in ihre Gläser einen kleinen Löffel des Elixiers, das mir der Graf mitgegeben hatte, und für mich einen winzigen Tropfen in den Tee. Die Wirkung war wunderbar. Eine hohe Lebensfreude durchflutete uns und leicht erschien das, was wir nach Anordnung des Grafen jetzt tun sollten. Äußerlich ganz ruhig, saßen wir da und ich tat, als ob ich mir noch nach einigen Angaben der Geschwister Notizen über ihre Aussagen machte.

Wie der Graf befohlen, erhoben wir uns genau sieben Minuten nach Einnahme des Tees, ohne zu wissen, was jetzt geschehen musste.

„Dort – dort – seht doch“, rief Héloise plötzlich leise. Die Tür des Raumes lag in einer dunklen Ecke, in die kaum das Licht der wenigen Kerzen drang, die einige angezündet hatten.

Leuchtend hell in seinem Gewande stand dort der Elf mit dem blauen Helm! Mit freundlicher Geste winkte er uns näherzukommen.

Ich erhebe mich, Héloise und Robert rechts und links bei der Hand nehmend und schreite langsam auf die Tür zu. Auf mein Klopfen wird sofort geöffnet. In zwei Reihen steht dort zu jeder Seite die Wache, präsentiert das Gewehr und der Offizier senkt grüßend den Degen.

Der Elf ist verschwunden. Ohne die Geschwister loszulassen, gehe ich mit ihnen durch das Spalier. Draußen steht ein großer Reisewagen, hinten beladen mit unseren Koffern. Höflich grüßend öffnet ein Soldat die Tür. Ich lasse die beiden vorangehen, steige nach, die Tür wird von außen geschlossen, der Soldat salutiert, der Wagen setzt sich in Bewegung.

„Gerettet“, sagt Bonnard leise. Héloise fällt mir aufschluchzend um den Hals.

Mit einer fast unheimlichen Geschwindigkeit jagten wir durch die dunkle Nacht. Mehrfach wurden die Pferde gewechselt. Alles geschah so schnell und präzis, dass es genau vorbereitet sein musste. An der Hinterwand des Wagenpolsters fanden wir angeheftet einen kleinen Blumenstrauß, ein Billet und einen kleinen Beutel. Auf dem Billet stand:

„Herzlichen Glückwunsch und auf Wiedersehen."

In dem Beutel lagen zwei goldene Ringe.

Als der Begleiter des Kutschers zum ersten Mal die Tür aufmachte und wir ausstiegen, erschrak er einen Augenblick und bekreuzigte sich. Dann rief er dem Kutscher zu: „Sieh nur, der Graf hat recht – einer wird einsteigen und drei heraus."

„Wahrhaftig", rief der Kutscher zurück, „wüsste man nicht, dass er so viel Gutes tut, könnte man denken, er müsse mit dem Teufel im Bunde sein."

Wir saßen mit Martin an dem großen Kamin und erzählten ihm von unseren Erlebnissen und der wunderbaren Rettung der Geschwister.

„Ich weiß immer noch nicht, wie das alles möglich war", sagte Robert.

Héloise lächelte: „Ich glaube es zu wissen. Der Graf war verkleidet unter den Soldaten und hat sie in einen Zustand versetzt, so dass sie uns nicht sahen. Oder hat uns vielleicht der Trank, den du uns in den Tee geschüttet hast, unsichtbar gemacht?"

„Das letzte ist die richtige Lösung des Rätsels", sagte ich, „wie ihr unbemerkt von den Soldaten bis zum Wagen gelangen konntet."

„Aber wie ist es möglich, dass ein Elixier eine so wunderbare Wirkung haben kann?" fragte Robert.

Martin lächelte: „Das soll der Graf Euch erzählen, wenn er uns besuchen wird."

„Ich glaube“, sagte Héloise plötzlich, „der Elf ist hier. Er steht dort hinten neben der spanischen Wand.“

Wir blickten hinüber, sahen aber nichts.

„Und doch sehe ich ihn ganz deutlich“, fuhr sie leise fort.

„Oh, – er sagt etwas – und jetzt verstehe ich es auch. Hört doch – er sagt: ‚Ich bin glücklich, dass ich euch helfen durfte. Meine Aufgabe ist erfüllt. Was einmal traurig begonnen hat, ist glücklich zu Ende geführt. Ich habe früher einmal gefehlt und mir ist vergeben. Ich werde weiterschreiten auf dem Weg unserer Entwicklung und einst ein Engel werden. Lebt wohl!‘“

Ein leiser wundervoller Akkord zog durch den Raum, als habe ihn jemand auf einer Glasharmonika angeschlagen. Er wandelte sich, wurde höher und höher und verklang im Äther.

Der große Pan hatte sein Kind in sein Reich zurückgenommen. Wir saßen ganz still.

Perlen zeitloser Weisheit
im
Heinrich Schwab Verlag

Joel S. Goldsmith:

Der Donner der Stille
ISBN 3-7964-0072-8, kart., 32,80 DM

Der Geist, der in uns lebt
ISBN 3-7964-0045-0, kart., 29,80 DM

Der Weg zum Unendlichen
ISBN 3-7964-0039-6, Leinen, 29,50 DM

Die Kunst der Meditation
ISBN 3-7964-0054-X, kart., 28,90 DM

Erleuchtung auf dem Weg zur Verwirklichung
ISBN 3-7964-0079-5, geb., 29,50 DM

L'Art de la Guérison Spirituelle
ISBN 3-7964-0106-6, geb., 26,10 DM

Le Tonnerre du Silence
ISBN 3-7964-0080-9, Leinen, 36,10 DM

Lorraine Sinkler:

Der geistige Lebensweg von Joel S. Goldsmith
ISBN 3-7964-0033-7, Leinen, 32,80 DM

Virginia Stephenson:

Die Reise nach innen
ISBN 3-7964-0008-6, kart., 11,90 DM

Ines Spring:

Unendliches Bewusstsein
ISBN 3-7964-0159-7, kart., 6,90 DM

Perlen zeitloser Weisheit
im
Heinrich Schwab Verlag

Satyamayi:

Sri Ramakrishna
ISBN 3-7964-0071-X, Leinen 31,70 DM

Sri Ramana Maharshi
ISBN 3-7964-0070-1, Leinen 31,70 DM

Walter Stanietz:

Der Stufenweg zum Selbst
Nach dem indischen Weisen
Bhagavan Sri Ramana Maharshi
ISBN 3-7964-0101-5
kart. 15,40 DM, Leinen 17,80 DM

Felix Riemkasten:

Die verborgene Kraft in uns
ISBN 3-7964-0116-3, Leinen 31,70 DM

Yoga für Sie
ISBN 3-7964-0024-8, kart. 24,00 DM

Rolf Germer:

Yoga für heute
ISBN 3-7964-0043-4, kart. 25,00 DM

Jürgen Halle:

Erweckung und Erfüllung
Der Pfad der Erleuchtung in östlicher Sicht
und in der Lehre Jesu
ISBN 3-7964-0158-9, kart. 7,50 DM

PERLEN ZEITLOSER WEISHEIT
im
Heinrich Schwab Verlag

SWAMI VENKATESANANDA:

Der Geist der Bhagavad Gita
ISBN 3-7964-0002-7, kart. 10,80 DM

Yoga vereinfacht
ISBN 3-7964-0102-3, kart. 10,80 DM

ANNEMARIE DAHM:

Wirke auf das, was noch nicht ist
Östliche Lebensweisheit
ISBN 3-7964-0118-X, kart. 10,80 DM

ANTON KROPATSCH:

Die letzte Freiheit des Menschen
Buddhas Lehre vom Nicht-Selbst
ISBN 3-7964-0088-4, kart. 14,20 DM

A. RICHARD MÜLLER-FLEIN

Unsere wahre Bestimmung
Vom Diesseits und Jenseits des Lebens
ISBN 3-7964-0146-5
kart. 14,20 DM, Leinen 16,30 DM

EDITH RAUCH:

Yoga in Vollendung
ISBN 3-7964-0134-1, kart. 16,30 DM

Perlen zeitloser Weisheit
im
Heinrich Schwab Verlag

Swami Sivananda:

Hatha-Yoga
ISBN 3-7964-0097-3, Leinen 29,80 DM

Licht, Kraft und Weisheit
ISBN 3-7964-0100-7, kart. 16,30 DM

G.B. Adhvaryoo:

Die Botschaft Swami Sivanandas
Auszug aus seiner Lehre und seinem Werk
ISBN 3-7964-0083-3, kart. 11,90 DM

Sri Rai Saheb A.B.N. Sinha:

Sivananda,
der Verkünder des neuen Zeitalters
ISBN 3-7964-0096-5, kart. 14,30 DM

Georg Feuerstein:

Sechs Strophen
über den Urgrund aller Dinge
ISBN 3-7964-0085-X, kart. 7,50 DM

Henri Birven:

Pforte der Unsterblichkeit
Yoga als Weg zur geistigen Erneuerung
ISBN 3-7964-0132-5, Leinen 20,70 DM

Perlen zeitloser Weisheit
im
Heinrich Schwab Verlag

Meher Baba:

Liebe und Weisheit
Sprüche und Abhandlungen
ISBN 3-7964-0081-7
kart. 16,30 DM, Leinen 18,80 DM

Swarupananda:

Indien, Geheimnis und Mysterium
Ein westlicher Yogi erzählt seine seltsamen, rätselhaften Erlebnisse unter Sadhus, Sannyasins, Zauberern, Mystikern und Heiligen
ISBN 3-7964-0201-1, kart. 35,00 DM

Swami Omkarananda:

Mensch und Universum
Die höchste Intelligenz, die alles durchdringt und das Geschick der Universen lenkt, sie ist in dir. Ein unendliches Meer der Freude und Schönheit, der Macht und Gnade liegt in dir.
ISBN 3-7964-0217-8, kart., 17,60 DM

Stille ist dein wahres Sein
Die Tiefe und Reife deiner Seele hängen von der Tiefe deiner inneren Stille ab. Gott ist im Licht der Stille sichtbar. Es ist die Stille des Bewusstseins.
ISBN 3-7964-0211-9, kart., 19,80 DM

Perlen zeitloser Weisheit
im
Heinrich Schwab Verlag

Swami Omkarananda

Das Licht des unendlichen Bewusstseins

Alle Funktionen der Sinne einschliesslich des Denkvermögens sind vom alles bezeugenden unendlichen Bewusstsein abgeleitet. Es ist seinem Wesen nach Licht. Es ist ein feinstoffliches Feuer im inneren Bewusstseinsgrund deiner Seele. Es ist eins mit dem Feuer des unendlichen Bewusstseins in allem.

ISBN 3-7964-0203-8, Leinen, 25,00 DM

Die Entwicklung der okkulten Kräfte

Es ist nicht nötig über das Wasser zu gehen. Erkennen wir die höchste überspychologische und überokkulte Realität. Es gibt Ebenen überirdischer Existenz, die aus dem höheren göttlichen Bewusstsein gebildet sind. Wir können im Alltag die höchsten Kräfte des zeitlosen Bewusstseins entfalten und übernatürliche Kräfte erlangen.

ISBN 3-7964-0095-7, kart., 11,90 DM

Stufen zur Selbstverwirklichung

Der Vorgang der geistigen Entfaltung beginnt mit der Kontrolle deiner Gedanken und der Vergeistigung deiner ganzen Arbeit. Verrichte absolut selbstlose Dienste. Lass dein Denken vom Bewusstsein der Gegenwart, der Macht und des Friedens des Unendlichen durchdrungen sein.

ISBN 3-7964-0094-9, kart., 10,80 DM

Perlen zeitloser Weisheit
im
Heinrich Schwab Verlag

Swami Omkarananda:

Erkenntnis und Erleuchtung in west-östlicher Bedeutung

Alle Mystiker sagen: Sieh Gott überall und sieh keine Welt. Höre alle Laute, aber höre sie als Gott. Wenn du mit dem Auge der Seele siehst, verwandelt sich selbst Schmutz in das reinste Feuer des göttlichen Bewusstseins.

ISBN 3-7964-0089-2, Leinen, 12,80 DM,
ISBN 3-7964-0200-3, kart., 10,80 DM

In der Gegenwart des Höchsten

Unsere physische Welt besteht aus zeitlosen und allschöpferischen Energien und aus Bewusstein. Wir leben in der Unendlichkeit eines allempfindsamen göttlichen Herzens. – Im Traum wird aus dem winzigen Punkt des Gemüts eine ungeheuer große Welt in ein Nichts hineinprojiziert. Genauso ist der physisch erfahrbare Raum eine Projektion im Geist Gottes.

ISBN 3-7964-0090-6, kart., 10,80 DM

Selbst-Verwirklichung als Wissenschaft und höchste Erfüllung

Im höchsten Bewusstseinszustand ist man im Unendlichen fest verankert. Eine Wahrnehmung der Welt gibt es nicht mehr, einen Gegenstand gibt es nicht mehr. Hier sind wir am Kulminationspunkt aller Erkenntnis, allen Lebens, aller Existenz angelangt.

ISBN 3-7964-0210-0, kart., 19,80 DM

Perlen zeitloser Weisheit
im
Heinrich Schwab Verlag

Swami Omkarananda:

Friede, Freude, Kraft

Nichts kann leben, keiner kann denken, lieben, glücklich sein ohne die Tatsache des Gottesgeistes. Er ist in allem. Er ist alles. Erkenne Ihn in allem! Das göttliche Prinzip voll endloser Vollkommenheiten soll zum festen Bestandteil unserer täglichen Erfahrung werden.

ISBN 3-7964-0202-X, Leinen, 25,00 DM

Perlen aus dem Meer der Weisheit

Du hast die Fähigkeit, die unendliche Wirklichkeit zu erfahren. Das ist eine natürlichere Anlage als die Fähigkeit zu denken. Nütze diese Gabe! *ISBN 3-7964-0209-7, kart., 17,60 DM*

Wege zu Glück und Unsterblichkeit

Alexander der Große, Shakespeare und Goethe, Kant und Einstein – sie alle hat die Hand der Zeit begraben. Ihnen gehört die Welt nicht. Die wirklichen Eroberer, die wirklichen Unsterblichen sind die Menschen der Selbstverwirklichung. Nur dadurch kommt die unsterbliche Glorie für jeden von uns. Wir sind Formen einer unsterblichen Wirklichkeit. Wir sind Punkte und Zentren unendlicher Freude. *ISBN 3-7964-0093-0, kart., 10,80 DM*

Geist und Leben

Der Geist besteht ohne das Leben weiter, während das letztere abgetrennt vom Geist keinen Bestand hat. Wenn er im Innern eines Menschen wirken kann, der von der psychologischen Natur befreit ist, dann wird der Betreffende zur Flamme der Aufwärtsbewegung. *ISBN 3-7964-0212-7, Leinen, 25,00 DM*